保险合同基本问题研究

刘清元◎著

中国金融出版社

责任编辑：张清民

责任校对：张志文

责任印制：张也男

图书在版编目（CIP）数据

保险合同基本问题研究/刘清元著 . —北京：中国金融出版社，
2019. 7

ISBN 978 - 7 - 5220 - 0186 - 9

Ⅰ . ①保…　　Ⅱ . ①刘…　　Ⅲ . ①保险合同—合同法—研究—中国
Ⅳ . ①D923. 64

中国版本图书馆 CIP 数据核字（2019）第 146703 号

保险合同基本问题研究

Baoxian Hetong Jiben Wenti Yanjiu

出版
发行　**中国金融出版社**

社址　　北京市丰台区益泽路 2 号

市场开发部　　（010)63266347，63805472，63439533（传真）

网 上 书 店　http://www. chinafph. com

　　　　　　　　（010)63286832，63365686（传真）

读者服务部　　（010)66070833，62568380

邮编　100071

经销　新华书店

印刷　保利达印务有限公司

尺寸　169 毫米 ×239 毫米

印张　12. 75

字数　161 千

版次　2019 年 10 月第 1 版

印次　2019 年 10 月第 1 次印刷

定价　42. 00 元

ISBN 978 - 7 - 5220 - 0186 - 9

如出现印装错误本社负责调换　联系电话（010）63263947

面向"回归本源"的基础性探索

  作为金融体系重要组成部分的保险业，经过多年发展，较之过往，在行业资产规模及行业影响力等方面，已取得了长足的进步。特别是在近几年的实践过程中，无论是业务形态（包括承保端与投资端），还是功能性质（包括保障属性和投资属性），越发呈现出多样化的态势。同时，随着国民经济的发展变化、金融监管体系的重构及保险业服务群体需求的持续性提升，保险业在逐步努力消解历史形成的矛盾与冲突时，又面临诸多新的挑战！

  在新的时代背景下，在不断急速变化的发展场景中，保险业如欲更为充分地发挥其制度安排的相关优势以谋求更大的发展空间，需要有更为坚固的行业基础。这不仅是由金融业态发展之一般性规律所约束，也是对中国保险业特定历史阶段中的"突飞猛进"发展模式的反思性总结与回应。由此推动对行业基础的构建，倡导行业"回归本源"，不但是监管部门所力主的发展基调，也成为全行业发展的共识及再定位的逻辑必然。而对基础建构而言，除了夯实制度基础、提速人才队伍培育、优化行业治理模式等方面外，有效提升行业基础性的认知能力与水平，并借以构建相对坚实的思想认识基础，亦显得尤为重要。

从一定角度看，保险系针对特定风险配置事项的结构化契约型安排，其外化形式即为保险合同。故而对保险合同的认知属于基础性行业认知范畴。从部门法的角度看，保险合同同时受保险法与合同法规制、调节。前述层面从行业特性与法律规制两个维度形成对保险合同的框架性认知基础。由此关照行业的丰富实践在保险合同领域内的现实境况，不难发现存在多种"失衡"的情形，包括但不限于合同行为与合同理论的失衡；基本法理与应用的失衡；保险法与合同法关系的失衡；合同关系中构成要素间的失衡等。这些"失衡"的聚合与存续，不但影响着对保险合同的基础性认知和对合同关系的根本把握，更制约着保险业固有功能的充分发挥与核心能力的有序扩展。为此，基于对保险业基本特性与合同法的准确理解和恰当运用，对保险合同相关基本问题进行全面地梳理、缜密地分析、针对性地构建，十分有助于对上述诸种"失衡"的再平衡、有助于厘清基础性认知的种种误区，亦有助于在规范的基础上进一步凸显、发挥保险内在的根本保障这一核心功能。清元博士的这本著作，可视为面对行业"回归本源"时，通过学术思考与实务经验相结合而聚焦于保险合同基本问题的方式，在行业再平衡大趋势中的一种有意义的尝试和努力！

回到著作本身，作者首先立足于探讨保险合同基本问题的前提，即"什么是保险"这一基础性命题。通过对保险合同交易的对象、目的、方式等进行细致解析，论证保险针对"独立的风险"进行制度性安排的特定性，以此确定保险合同基本问题的根本性思考方向。在此导向下，作者对投保人与被保险人关系、保险利益、保险合同关系人及法律地位等系列基本问题进行阐述并提出了不同于"通说"的观点，进而就保险合同行为实践中存在较大争议的热点问题（包括"不真正连带责任"的类型、非纯粹风险的可保性、违反告知义务的权利适用、信用保险与保证保险的区分等），逐一予以分析和回应（具体内容不再赘述）。作者的论述围绕相关问题的"基本面"渐次展开，同时结合不同法域中的学术观点和实操经验，汲取相应学术成果，明确提出了自己的独特观点和相关政策建议。这些对于从学术层面深化保险合同研究、提升行业就保险合同的整体性认知、加强规范对保险合同实务、促进保险维度和法律维度及理论维度和实践维度的深度融合等，均有很好的借鉴意义和价值。

当然，限于篇幅，著作本身就相关问题未充分展开，其整体内容在体系化方面还需进一步完善。此外，在技术迭代加剧、不同行业间"跨界"频仍的当下，在行业"固本"的同时，还须更为积极地对保险业未来的发展进行前瞻性思考，主动融入行业以及社会的整体变革中。在风险管理模式升级加速（由风险分担、转移逐步向风险预测、干预转变）的形势下，传统风险的内涵及配置模式与效率等均受到重大挑战。对应到保险合同中，比如以区块链为底层基础的应用场景中的智能合约演化、风险干预模式下的权利与义务分担模式嬗变等，都对既有的合同模式及其基础构成新的冲击。在这些方面，需要保险业内的法律人员及相关从业人员进行更为深入、全面的研究。

清元博士曾是笔者的同事，长期从事业内公司治理、风险管理、合规法律等实务工作。这本专著亦是其保险合同实务的阶段性总结。在风云际会之际，能够保持这样的定力，面向"回归本源"，潜心研究基本问题，难能可贵。在此愿将此书向同业及感兴趣的读者推荐。

是为序。

李富申
2019 年春于北京

目　录

第一章　保险是什么

笔者大学毕业后一直从事保险的法律工作。工作中经常会被问到保险与赌博的区别是什么？冰箱"延保"服务是保险吗？赠与保险是保险吗？保证保险与保证是一回事吗？为了回答这些问题，有必要弄清楚保险的判断标准。

一、保险合同交易的对象是独立的风险

（一）保险合同交易的对象是风险

债权是后于物权而产生的，人类社会进入交换经济时代，人与人之间乃发生了交易关系，为保护此交易关系，才有了债权观念的产生。[①]债权既由交易关系而生，则债法自属交易法。[②] 合同是债法的主要内容之一，所有合同均有自己的交易对象。

1. 有名合同交易的对象（见表 1 – 1）。

---

① 郑玉波，陈荣隆修订. 民法债编总论［M］. 北京：中国政法大学出版社，2004：4.
② 郑玉波，陈荣隆修订. 民法债编总论［M］. 北京：中国政法大学出版社，2004：16.

表 1 - 1　　　　　　　　　有名合同交易的对象

合同类型	定义（《合同法》）	交易的对象	载体
买卖	第一百三十条　买卖合同是出卖人转移标的物的所有权于买受人，买受人支付价款的合同。	所有权	物
易货	第一百七十五条　当事人约定易货交易，转移标的物的所有权的，参照买卖合同的有关规定。	所有权	物
供电、水、气	第一百七十六条　供用电合同是供电人向用电人供电，用电人支付电费的合同。	所有权	物（电、水、气）
	第一百八十四条　供用水、供用气、供用热力合同，参照供用电合同的有关规定。		
赠与	第一百八十五条　赠与合同是赠与人将自己的财产无偿给予受赠人，受赠人表示接受赠与的合同。	所有权	物
借款	第一百九十六条　借款合同是借款人向贷款人借款，到期返还借款并支付利息的合同。	所有权	物（货币）
租赁	第二百一十二条　租赁合同是出租人将租赁物交付承租人使用、收益，承租人支付租金的合同。	使用权	物
融资租赁	第二百三十七条　融资租赁合同是出租人根据承租人对出卖人、租赁物的选择，向出卖人购买租赁物，提供给承租人使用，承租人支付租金的合同。	使用权	物
承揽	第二百五十一条　承揽合同是承揽人按照定作人的要求完成工作，交付工作成果，定作人给付报酬的合同。 承揽包括加工、定作、修理、复制、测试、检验等工作。	服务（承揽）	物
建设工程	第二百六十九条　建设工程合同是承包人进行工程建设，发包人支付价款的合同。 建设工程合同包括工程勘察、设计、施工合同。	服务（建设）	物
运输	第二百八十八条　运输合同是承运人将旅客或者货物从起运地点运输到约定地点，旅客、托运人或者收货人支付票款或者运输费用的合同。	服务（运输）	人或物

合同类型	定义（《合同法》）	交易的对象	载体
技术开发	第三百三十条　技术开发合同是指当事人之间就新技术、新产品、新工艺或者新材料及其系统的研究开发所订立的合同。 技术开发合同包括委托开发合同和合作开发合同。 技术开发合同应当采用书面形式。	服务（开发）	人
技术转让	第三百四十二条　技术转让合同包括专利权转让、专利申请权转让、技术秘密转让、专利实施许可合同。 技术转让合同应当采用书面形式。	智力成果（专利权、专利电请权、技术秘密、专利实施许可）	人
技术咨询	第三百五十六条　技术咨询合同包括就特定技术项目提供可行性论证、技术预测、专题技术调查、分析评价报告等合同。 技术服务合同是指当事人一方以技术知识为另一方解决特定技术问题所订立的合同，不包括建设工程合同和承揽合同。	服务（咨询）	人
保管	第三百六十五条　保管合同是保管人保管寄存人交付的保管物，并返还该物的合同。	服务（保管）	物
仓储	第三百八十一条　仓储合同是保管人储存存货人交付的仓储物，存货人支付仓储费的合同。	储存	物
委托	第三百九十六条　委托合同是委托人和受托人约定，由受托人处理委托人事务的合同。	处理事务	人
行纪	第四百一十四条　行纪合同是行纪人以自己的名义为委托人从事贸易活动，委托人支付报酬的合同。	贸易活动	人
居间	第四百二十四条　居间合同是居间人向委托人报告订立合同的机会或者提供订立合同的媒介服务，委托人支付报酬的合同。	媒介服务	人

2. 保险合同交易的对象。

"保险是以危险为逻辑起点、以大数法则为数理基础、以危险转移为目的的处理危险的一种方式。"① "保险之宗旨在分散危险，消化损失。"② "最重要的保险原理即在于减轻个人的经济损失负担，即通常所说的风险的转移。"③ "保险契约即为由要保人与保险人之间所订立之债权契约，并借此契约以达成其通过保险制度转嫁风险之目的。"④

保险事故可分为原因型、结果型及原因加结果型。原因型是指只要约定的原因发生，无论损失有无与大小，保险人均负给付义务。结果型是指只要有损失，无论原因，保险人均负给付义务。原因加结果型是指不仅原因要符合约定，损失的有无、大小也要符合约定，保险人才负给付义务。

导致保险事故的原因必须是外来的和不确定的。外来的，是指非被保险人能够控制的或非出于被保险人的本意的因素。实际立法中，将被保险人的故意行为或其能控制的行为均排除在保险事故之外。被保险人的故意行为一般规定为除外责任。如死亡保险中，二年内的自杀被排除在赔偿之外。不确定的，是指原因的发生在一定期间内处于一定的概率区间。如果已经发生或在一定期间内必然发生，则不属于保险。人的死亡是必然的，但在一定期间内的死亡则不是必然的，所以人寿保险符合不确定性。

保险合同交易的对象和载体见表 1–2。

① 韩长印，韩永强. 保险法新论 [M]. 北京：中国政法大学出版社，2010：5.

② 江朝国. 保险法论文集：一 [M]. 台北：瑞兴图书股份有限公司，1997：82.

③ 肯尼思·布莱克，哈罗德·斯基博. 人寿与健康保险：第十三版 [M]. 孙祁祥，郑伟，等，译. 北京：经济科学出版社，2003：52.

④ 汪信君，廖世昌. 保险法理论与实务 [M]. 台北：元照出版公司，2006：4.

表 1-2　　　　　　　　　保险合同交易的对象和载体

保险合同	交易的对象	载体
人寿保险	养老或死亡风险	人
健康保险	疾病风险	人
意外伤害保险	伤害风险	人
财产损失保险	财产损失风险	物
责任保险	责任风险	人
信用保险	信用风险	人
保证保险	信用风险	人

（二）保险合同交易的风险具有独立性

风险是实现目标的不确定性。实现任何目标均伴随着不确定性，即风险。买卖合同的目标是转移标的物的所有权，但存在标的物损毁或灭失的风险。为了规范买卖合同中标的物损毁或灭失的风险，合同法对当事人的风险承担进行了规范。

保险合同交易的风险是独立的风险。停车收费，停车是目的，车被偷是伴随的一种风险。停车人与停车场之间的交易对象主要不是风险，而是停车。所以，该交易不是保险。如果停车场为了规避停车被偷的风险，将停车被偷的风险转移给保险人，保险人接受的是独立的风险，该交易是保险。

二、保险合同交易的目的是补偿损失

"就保险本质而言，保险之目的乃在于保险事故发生时，由保险人对某特定人因此而产生之损失负补偿之责。"① "就保险合同的目的而言，补偿可以被视为足以使被保险人在遭到损失后恢复到刚发生损失前

---

① 江朝国. 保险法基础理论 [M]. 北京：中国政法大学出版社，2002：125.

所处的经济状况的精确的经济补偿。"①

（一） 保险属于损害赔偿之债

损害赔偿之债是对损害进行赔偿的规范，包括法定与意定。侵权责任是法定的损害赔偿之债，保险合同、保证合同属于约定的损害赔偿之债。

（二） 保险赔偿的前提是被保险人必须要有损失

在 18 世纪前，保险与赌博没有区别。18 世纪开始，为防止人们以保险的形式去赌博，法律逐渐发展要求被保险人必须有可保利益。英国 1745 年《海上保险法》要求，保险合同必须说明谁针对英国船舶与该船上的货物有可保利益，否则该保险合同无效。1774 年《人寿保险法》规定："凡无可保利益的人或以赌博、博彩为目的的人，不得以他人的生命投保，或为任何事件投保；不得以他人的用益、利益或身份要求保险人签发保单。"1906 年《英国海上保险法》认定，可保利益是主要针对被保险人因为海上航程或受保财产的安全到达而受益，或因为它们的灭失、损坏、被滞留而受损，或因受保财产而招致责任。总之，被保险人需要对受保财产有"合法或公平的关系"。②

（三） 财产保险中保险赔偿不得大于被保险人的实际损失

"保险补偿原则有两个基本目的：首先，通过限制对损失的赔付，被保险人无法从造成损失的风险事故中获得额外收益。如果被保险人能够额外获益，那么保险合同无异于一种赌博性的合同，从而损害保险合

---

① 约翰·T. 斯蒂尔. 保险的原则与实务 [M]. 孟兴国，等，译. 北京：中国金融出版社，1992：58.
② 杨良宜. 海上货物保险法 [M]. 北京：法律出版社，2010：110.

同的法律约束力。其次，从实务而非从法律的角度，也必须强调补偿原则，如果被保险人能够通过损失额外受益，无疑是鼓励更多的被保险人故意造成损失或疏于照管保险标的。两种后果都会造成发生损失的概率增加，使保险公司无法以一个经济上可行的价格提供保险保障。"①

1. 财产损失保险。订立财产损失保险时，投保人与保险人约定的最高赔偿限额称为保险金额，保险金额不得超过保险标的物的实际价值即保险价值，超过部分无效。发生保险事故后，保险人应当赔偿被保险人的实际损失的全部或按比例赔付，最高赔偿额不得超过保险价值。由于保险标的物的价值会波动，所以财产损失保险多为短期保险，一般最长时间为 1 年，以缩小保险金额与保险价值的差距。

我国台湾地区"保险法"第 76 条规定："保险金额超过保险标的价值之契约，系由当事人一方之诈欺而订立者，他方得解除契约。如有损失，并得请求赔偿。无诈欺情事者，除定值保险外，其契约仅于保险标的价值之限度内有效。无诈欺情事之保险契约，经当事人一方将超过价值之事实通知他方后，保险金额及保险费，均应按照保险标的之价值比例减少。"

2. 责任保险。责任保险包括合同责任保险与侵权责任保险。订立责任保险时，合同责任的保险金额不得超过合同约定的债务人的责任，侵权责任的保险金额一般没有限制。无论是合同责任保险还是侵权责任保险，发生保险事故后，保险人赔偿责任人实际应当承担的责任，最高赔偿额不得超过保险金额。

3. 信用保证保险。订立信用保证保险时，保险金额不得超过债权人的债权所对应的经济价值。发生保险事故后，保险人赔偿债权人因债务人的违约造成的实际损失，最高赔偿额不得超过保险金额。

---

① 所罗门·许布纳，等. 财产和责任保险［M］. 陈欣，等，译. 北京：中国人民大学出版社，2002：47.

（四） 损失赔偿适用于人身保险

1. 人身保险中的损害保险。按现代保险法理，损害填补原则及其派生制度适用范围，以基于保险利益之存在基础是否为经济上之利益，亦即是否以金钱估计之利益为标准予以衡量，可由金钱计算其价值者，需受损害填补原则的规范。而在人身保险中，限额型医疗费用保险、限额型失能给付保险，其损害实际为金钱上可以计算之具体损害，在性质上应属于损失填补保险，故应适用损失填补原则。① 日本《保险法》将保险分为损害保险、伤害疾病损害保险、生命保险、伤害疾病定额保险。伤害疾病损害保险即以赔偿被保险人因伤害疾病带来的实际损失的保险。

健康保单的目的是补偿还是投资？若是前者，则应允许保险获得衡平代位权，以便贯彻损失填补原则；如果是后者，除非保单明确约定，保险人并无衡平代位权。这种区分能否解释保险人在寿险中从未获得衡平代位权？为什么寿险保险人从未在保单中订入明示代位权条款？实际上，如今所有的健康保单都包含代位权条款，而且法院允许保险人行使代位权。②

德国《保险法》意外伤害保险章节第 194 条规定："凡是按照损害补偿原则签订的保险合同，则本法第 74～80 条及第 82～87 条适用。"德国《保险法》第 86 条规定："如果投保人对第三人享有损害赔偿请求权，则在保险人向投保人赔付保险金后，上述请求权应移转给保险人。但上述请求权之转移不得不利于投保人。"可见，德国保险法将人身保险分为损害补偿型和定额给付型，并明确规定损害补偿型人身保险适用代位求偿。

韩国《商法典》第 729 条规定："保险人不得代位行使因保险事故

---

① 鸿常夫. 保险法的诸问题 ［M］. 东京：有斐阁，2002：217.

② 肯尼斯·S. 亚伯拉罕. 美国保险法原理与实务 ［M］. 韩长印，韩永强，楚清，等，译. 北京：中国政法大学出版社，2012：390.

所致的保险合同人或者保险受益人对第三人的权利。但是，在签订伤害保险合同的情况下，若当事人之间另有约定，保险人可以在不损害被保险人的权利的范围之内代位行使该项权利。"我国澳门特区《商法典》第1030条规定："人身保险合同中，保险人作出给付后不得代位取得被保险人因保险事故而生之对第三人的权利。上款规定不适用于在第三人所造成之意外事故中保险人所承担之医疗及住院开支。"我国《最高人民法院关于适用〈中华人民共和国保险法〉若干问题的解释（三）》第十八条规定："保险人给付费用补偿型的医疗费用保险金时，主张扣减被保险人从公费医疗或者社会医疗保险取得的赔偿金额的，应当证明该保险产品在厘定医疗费用保险费率时已经将公费医疗或者社会医疗保险部分相应扣除，并按照扣减后的标准收取保险费。"上海市高级人民法院《关于审理保险代位求偿权纠纷案件若干问题的解答（一）》（沪高法民五〔2010〕2号）第十二条规定："在补偿型医疗费用保险中，被保险人因侵害产生医疗费用、误工费、护理费等损失。保险人仅就医疗费用损失承担保险赔偿责任后，被保险人可以就其他损失继续向侵权人主张赔偿请求权，保险人则只能就医疗费用行使保险代位求偿权。"我国原保监会《健康保险管理办法》将医疗保险明确规定为定额给付型和损失补偿型两种健康保险。这就是承认损失补偿原则适用医疗保险等具有补偿性的人身保险。①

2. 人身保险中的非损害保险。人类生命具有多种价值。就宗教观点而言，生命可永垂不朽，其价值无法估计；就社会观点而言，人与人间具有各种感情，其价值不可以货币计算或以物代替。此等精神或感情价值，均非人寿保险保障之目的。人寿保险者，应为生命之经济价值。最早的人寿保险，仅认为是对死亡人身后的准备，注重保险金额，并未

---

① 史卫进，付昕. 补偿型医疗保险代位求偿诸理论问题研究［M］//尹田，任自力. 保险法前沿：第3辑. 北京：知识产权出版社，2015（3）：173.

涉及保险生命的经济价值。[①] 人类生命价值概念是由杰克博·格林于1880 年前后引入人寿保险的。[②] 1924 年美国保险学者休伯纳首创人类生命价值。人类生命价值与财产价值一样可以评价。人寿保险对被保险人死亡所导致的金钱损失，可基于财产的补偿原则。人类生命的经济价值是个人为维持其家属生活所具有的赚钱能力的货币价值。休伯纳认为，人类生命价值是基于家计负担者所挣的收入要高于自我维持的费用的事实。对依赖他们的家属来说，这一生命价值就具有一种货币化的价值。当一个生命的延续对他人来说具有货币价值的时候，人寿与健康保险的经济基础就产生了。[③] 19 世纪 20 年代，人类生命价值这一概念被真正作为人寿与健康保险的经济基础。人类生命价值是对个人未来的实际收益和服务价值的一种衡量，它是一种扣除了人类自我繁衍的成本，如衣食住行等后，个人未来净收益的资本化价值。人类生命价值将会因以下四种方式遭受损失：早逝、失能、退休、失业。人的生命价值是衡量个人现实生活中创造财富的能力，而不是否定人的生命无价。在人身保险中保险合同交易的是某人的风险，而不是人的生命。人身保险中交易的风险必须能够被货币量化，即具有经济价值。也就是说，人身保险是补偿由于某人的生命消失造成的可量化的经济损失。每个人创造经济价值的能力不同，所以其保险金额必然不同。

总之，保险事故发生之结果，或为财产之毁损与灭失，或为所得之减少与丧失，以前者损失为补偿对象的保险为财产保险，以后者损失为补偿对象的保险为人身保险。无论是财产保险还是人身保险，在补偿原则上并无不同，仅以实际所认为必要者为限。但人身保险与财产保险的

---

① 袁宗蔚. 保险学 [M]. 北京：首都经济贸易大学出版社，2000：637–638.

② 肯尼思·布莱克，哈罗德·斯基博. 人寿与健康保险：第十三版 [M]. 孙祁祥，郑伟，等，译. 北京：经济科学出版社，2003：18–19.

③ 肯尼思·布莱克，哈罗德·斯基博. 人寿与健康保险：第十三版 [M]. 孙祁祥，郑伟，等，译. 北京：经济科学出版社，2003：20.

补偿机能，在技术构成上并不一致，人身保险对人因事故所致之损失，很难准确评估，而财产保险则相对容易。在财产保险方面，凡危险事故发生对财产价值实际所造成的损失，可评价补偿，通常采取非定值保险。反之，在人身保险方面，人身保险事故发生时所致损失程度难以测定，不得不采取预定金额的方式，即采取定额保险的方式。就人身保险的定额保险，保险金额多少并非任由保险加入者任意为之，仍须视其原有的经济生活情形而定。若人身保险的定额的目的，仅着眼于危险事故发生，而授受任意的金额，则将与赌博无异。①

人寿保险目的之一是保障因家长死亡所致家庭损失之补偿，使其家属可获得一定收入，以维持生活。② 人寿保险的发展趋向于家庭所得之保障。过去被保险的生命消失后，保险人即以一定金额一次性给付其受益人。但现在为确保其家属经济生活的安定，被保险的生命死亡后，由保险人于一定期间内，给予其家属一定之所得，至其子女成年。此种保险，总称为家庭所得保险。③ 现举一美国人寿保险设计之实例④：假定某人之妻现年 30 岁，子 6 岁，女 1 岁。其每月收入为 700 美元，足以维持其家庭生活所需。万一某人死亡，如欲家庭仍能维持适当生活水准，即在某人死亡后最初两年每月仍需要 700 美元，其后 15 年，直至其女 18 岁，每月需要 550 美元；再自其女 18 岁后直至其妻死亡，每月需要 300 美元。通过一系列的测算，某人购买人寿保险之保险金额总计为 75000 美元，即足以维持某人死亡后其家庭经济生活之安定。可见，人寿保险是根据某人实际维持家庭收入情况测算其保险金额。

据 2018 年 12 月 27 日《北京青年报》报道，2018 年 10 月底，29 岁的天津女子小洁在泰国普吉岛一酒店泳池内被发现死亡，随后与其同

① 袁宗蔚. 保险学 [M]. 北京：首都经济贸易大学出版社，2000：56 - 57.
② 袁宗蔚. 保险学 [M]. 北京：首都经济贸易大学出版社，2000：639.
③ 袁宗蔚. 保险学 [M]. 北京：首都经济贸易大学出版社，2000：163.
④ 袁宗蔚. 保险学 [M]. 北京：首都经济贸易大学出版社，2000：703 - 706.

住的丈夫张某被泰国警方认定为犯罪嫌疑人。案发后，女方家属在两人家中发现多张保险单，总保额高达 3000 万元。案发后，张某被泰国普吉岛卡马拉警局控制，并向警方承认了在酒店泳池内将妻子杀害的事实。12 月 11 日，天津警方对张某涉嫌保险诈骗立案侦查。类似的为了骗取高额保险赔偿的案件时有发生。为了防范道德风险，强调在人身保险中适用损失补偿，根据不同类型的人设置不同的保险价值，可以降低骗取高额保险案件的发生率。"如果保险赔偿不是被大于保险收益的损失所引起的，那么，保险会刺激人们去主动触发投保事故的发生。所以，只有当损失大于等于保险收益时，保险公司才按照合同进行清算，否则，道德危险就会造成严重问题。"①

我国《保险法》第三十三条规定："投保人不得为无民事行为能力人投保以死亡为给付保险金条件的人身保险，保险人也不得承保。父母为其未成年子女投保的人身保险，不受前款限制。但是，因被保险人死亡给付的保险金总和不得超过国务院保险监督管理机构规定的限额。"该条款体现了人类生命价值的理念。我国台湾地区"保险法"第 107 条规定："订立人寿保险契约时，以未满十四岁之未成年人，或心神丧失或精神耗弱之人为被保险人，除丧葬费用之给付外，其余死亡给付部分无效。前项丧葬费用之保险金额，不得超过主管机关所规定之金额。"

三、保险合同交易的方式是有偿

（一）有偿合同的意义

关于合同为什么有效力，主要有两种观点：一种是意志说，该观点

---

① 小阿瑟·威廉斯，等. 风险管理与保险 [M]. 马从辉，等，译. 北京：经济科学出版社，2000：370－371.

认为由于合同是人的真实意思的表现，所以具有法律效力，可以强制执行，大陆法系持此种观点；另一种是对价说，认为合同之所以具有法律效力，是因为合同有对价，体现了公平。如果没有对价，基于信赖利益也可强制执行，但这仅仅是例外，英美法系持此观点。目前，两种观点逐渐融合，大体达成一致，即合同的效力来源于两个因素：一是意志；二是对价。总之，对价对合同很重要。根据是否有对价，合同可分为有偿合同与无偿合同两种，典型的代表是买卖合同与赠与合同。"没有对价的合同是不符合市民社会本质的，纯粹无偿的利他合同是合同法的例外。因此，大陆法系国家与英美法系国家合同法对于对价均极为关注。"① 仅仅有合同当事人之间的意思表示一致且真实，就承认市民社会中合同的有效性是远远不够的，必须注重对价对合同效力的影响。而对于一些无偿合同，即没有对价的合同，大陆法系许多国家的法律将其作为例外处理。②

"有偿与无偿的区分意义，首先在于确定某些合同的性质。在债权合同中许多合同只能是有偿的，不可能是无偿的。如果变有偿为无偿，或者相反，则合同关系在性质上就要发生根本的变化。例如，买卖合同是有偿的，如果变为无偿合同，则变成了赠与关系。"③ 除了确定合同的性质外，有偿合同与无偿合同区分的意义还包括注意义务的内容不同、主要要求不同、合同成立和生效不同、法律适用不同等。

（二）有偿是各国或地区对保险合同的共识

从经济的角度来看，保险是一种基金。保险的基金来源于投保人所交的保险费，其用于赔偿被保险人的损失。投保人交钱，保险人赔偿，

---

① 李永军. 合同法：第三版［M］. 北京：法律出版社，2010：213.
② 李永军. 合同法：第三版［M］. 北京：法律出版社，2010：214.
③ 王利明. 合同法研究：第一卷［M］. 北京：中国人民大学出版社，2002：25.

有偿性是保险合同的特征之一。《中华人民共和国保险法》第二条规定："本法所称保险，是指投保人根据合同约定，向保险人交付保险费，保险人对于合同约定的可能发生的事故因其发生所造成的财产损失承担赔偿保险金责任，或者当被保险人死亡、伤残、疾病或者达到合同约定的年龄、期限等条件时承担给付保险金责任的商业保险行为。"我国台湾地区"保险法"第1条规定："本法所称保险，谓当事人约定，一方交付保险费于他方，他方对于因不可预料，或不可抗力之事故所致之损害，负担赔偿财物之行为。"日本《保险法》（2008年）第2条规定："无论使用保险契约、共济契约或其他任何名称，当事人的一方约定以一定事由的发生为条件支付财产上的给付（生命保险契约以及伤害疾病定额保险契约的情形下仅限于金钱支付），另一方对此约定支付与该一定事由发生的可能性相对应的保险费之契约。"意大利《民法典》（2004年）第1882条规定："保险是指保险人对支付保险费的被保险人，在约定的范围内对灾害给其造成的损失承担赔偿责任，或者因与人的寿命相关的事件的发生，承担给付资金或年金义务的契约。"德国《保险合同法》（2007年）第1条规定："在订立保险合同后，保险人承担在约定的保险事故发生时向被保险人或受益人赔付保险金的义务，而投保人则要按照保险合同的约定向保险人支付保险费。"立陶宛共和国《民法典》（2000年）第987条规定："保险合同是指投保人向保险人支付保险费，保险人按照保险合同预先确定的赔偿数额，在法律规定或保险合同约定的保险事故发生时，向被保险人或第三方承担保险责任的协议。"

保险与慈善都是对特定条件的对象给予财务支持，但保险是有偿的，慈善是无偿的。

（三）保险合同的对价应当平衡

保险合同的费率应当与其对应的风险大小相匹配，即对价平衡。保险人与各投保人订立保险契约，是以危险发生与否的不确定性为前提，并以此不确定性的概率来计算各投保人所须支付的保险费，以符合商业保险的对价平衡原则。对价平衡原则为商业保险所独有。[①]

保险对价平衡原则主要体现在产品开发时需要对价平衡、承保时需要对价平衡、保险期间需要对价平衡。为了保证保险对价平衡，对保险产品的监督一直是各国保险监管部门的重点内容。

四、结论

1. 从法律的视角来看，保险是通过有偿的方式交易独立的风险，以补偿实际损失为目的的合同。

2. 保险与赌博的主要区别在于是否具有损失补偿性。保险具有补偿性，保险的损失补偿不仅适用财产险，而且适用人身险。赌博则不具有损失补偿性。

3. 延保是延长保修服务的简称。目前市场上的延保服务商众多，既有制造商，也有保险公司。延保是保险吗？不能一概而论，要根据交易的风险是否具有独立性来判断。如果制造商延保收费，制造商与消费者之间的交易对象是标的物的所有权，给付标的物是主义务，维修服务是附随义务。延长维修时间收费只是对附随义务进行变更，不影响交易标的物所有权的本质，因转移的风险不具有独立性，所以制造商延保收费不属于保险。如果制造商将延保的风险转移给保险公司，是独立风险的转移，则属于保险。

4. 保险公司赠送的人身意外保险。由于人身意外保险出险概率低，对应的保险费也低。保险公司为了获取客户信息，往往采取赠送保险的方式。保险具有有偿性，如果是无偿的，不能称为保险，而是附条件的

---

① 叶启洲. 保险法专题研究：一 ［M］. 台北：元照出版公司，2007：22.

赠与。

5. 虽然我国 2009 年《保险法》中列名了保证保险，但并未对其进行解释。实践中，一般认为保证保险是合同债务人（投保人）与保险人签订合同，约定当合同债权人（被保险人）的合同债权得不到实现时，由保险人赔偿损失的保险。保证是保证人与合同债权人签订合同，约定当合同债务人不履行债务时由保证人履行债务的合同。从合同当事人来看，二者差异非常明显：保证保险的当事人是债务人与保险人，保证的当事人是债权人与保证人。虽然保证保险与保证的区别非常明显，但也未能阻挡保证保险与保证的关系成为我国大陆保险界争议的一大话题。有的说保证保险即保证，有的说二者不是一回事。究其原因，可能都是"保证"二字所致。

我国台湾地区的保证保险实际上是我国的信用保险。奇怪的是，大家对信用保险与保证从未有过争议。其实信用保险与保证从法律关系上看，相似度更高。信用保险是债权人与保险人签订合同，约定当债务人不履行债务时，由保险人履行债务。保证也是由债权人与保证人签订合同，约定当债务人不履行债务时，由保证人履行债务。二者的当事人高度一致。

无论是信用保险还是保证保险，与保证的主要区别在于是否真正转移风险。我国《担保法》规定，保证人承担保证责任后，有权向债务人追偿。为了确保保证人的追偿权得以实现，《担保法》规定，当保证人提供保证时，可以要求债务人提供反担保。可见，保证的真正目的不是转移风险，而是通过保证人为债务人增信以促进交易的达成。在保证合同中，保证人不真正承担风险。而在保证保险与信用保险中，转移风险是其本质。由于保证合同不真正转移风险，所以一般认为保证合同为无偿合同。虽然保证保险与信用保险也适用代位求偿权的规定，但保险人代位求偿制度同时具有维持第三人的损害赔偿义务、确定保险人的保险赔偿义务及防止被保险人不当得利三种目的。[①] 代位求偿权的原因有两个：一是被保险人不能在意外中向不同对象取得两次赔偿或补偿，从而得利；二是不能让更加需要负责任的过失方脱责。[②] 如果被保险人的损失从保险人处没有得到全额补偿，保险人行使代位求偿权不得影响被保险人的权利，保险代位求偿权具有不确定性。美国巡回上诉法院的多数意见是保险人行使代位求偿权须以被保险人完全受偿为前提。[③] 所以，保证保险与信用保险的本质是承担债权人的信用风险。

实践中，保险公司为了规避风险，在保证保险与信用保险的条款里约定了"反担保"。该约定违反了保险交易对象是风险的本质，实质上是保险公司做了担保公司的业务。

不知什么原因，我国 2009 年《保险法》将保证保险与信用保险并列。保证保险与信用保险区分的标准似乎是投保人与被保险人重合或分离。如果重合则是信用保险，如果分离则是保证保险。如此分类，意义在哪？是为了便于计算保险费？还是为了管理需要？如果是这样，公司内部做一区分就能达到目的。建议信用保险与保证保险二选一，要么是信用保险要么是保证保险，划分标准即债权损失的风险。由于我们习惯了信用保险的用法，建议保留信用保险，废除保证保险。

---

① 江朝国. 保险法基础理论 [M]. 北京：中国政法大学出版社，2002：392.
② 杨良宜. 海上货物保险法 [M]. 北京：法律出版社，2010：448 – 449.
③ 肯尼斯·S. 亚伯拉罕. 美国保险法原理与实务 [M]. 韩长印，韩永强，楚清，等，译.
北京：中国政法大学出版社，2012：391.

第二章 保险标的所指的对象应当是什么

一、问题的提出

保险标的是保险合同的一个基本范畴，它与保险的类型、保险合同法定转让、保险利益、重复保险、保险竞合、物上代位以及权利代位等概念都有关系。我国 2009 年《保险法》删除了对保险标的的定义，只能从《保险法》对人身保险与财产保险的界定中推导出保险标的所指的对象。《保险法》第十二条第三款、第四款规定："人身保险是以人的寿命和身体为保险标的的保险。财产保险是以财产及其有关利益为保险标的的保险。"可见，我国《保险法》中的保险标的即人的寿命和身体或财产及其有关利益。该定义导致了一系列争议。

争议一： 何谓保险标的的转让

《保险法》第四十九条第一款规定："保险标的转让的，保险标的的受让人承继被保险人的权利和义务。"该保险标的转让是权利的转让还是风险的转移？如果是权利的转让，是所有权的转让还是使用权的转让？

争议二： 何谓受损保险标的的全部权利

《保险法》第五十九条规定："保险事故发生后，保险人已支付了全部保险金额，并且保险金额等于保险价值的，受损保险标的的全部权利归于保险人；保险金额低于保险价值的，保险人按照保险金额与保险价值的比例取得受损保险标的的部分权利。"受损保险标的所指向的是有形财产时，保险人取得了受损财产的全部权利即所有权。如果受损保险标的所指向的是债权时，保险人是否能够取得被保险人的全部债权？

争议三： 何谓雇主责任保险、信用保险、保证保险的保险标的所在地

原保监会在《关于统括保单业务有关问题的补充通知》（保监发〔2002〕32 号）中规定："机动车辆保险、雇主责任保险、信用保险、保证保险、核保险、法定保险业务不能由保险标的所在地以外的保险公司承保或共保，或由统括保单承保。"雇主责任保险、信用保险、保证保险的保险标的所在地是指的什么地方？

要想解决上述争议，有必要对保险标的所指的对象进行界定。

二、保险标的是保险合同交易的对象

（一）合同标的是合同交易的对象

合同是调整交易关系的法律。贝勒斯将合同法定义为"涉及转让财产或劳务的私人的法律"[1]。王利明教授对此给予高度评价："将合同法定义为调整交易关系的法律，准确地概括了合同法的本质和作用。"[2]

---

① 迈克尔. D. 贝勒斯. 法律的原则 [M]. 北京：中国大百科全书出版社，1996：143.
② 王利明. 合同法新问题研究 [M]. 北京：中国社会科学出版社，2011：21.

"合同法是调整交易关系的法律。所谓交易，是指独立的、平等的市场主体就其所有的财产或利益进行的交换。交易包括了商品的转手、财物的互易、利益的交换等各种形式，其法律形式就是合同。"①

合同标的是合同交易的对象。"买卖以财产权移转为目的，除其性质或依法律规定不得为交易之标的者外，均得为买卖标的。从而所有权及其他物权、自不得论，而占有、债权、无体财产权，亦得为买卖之标的。"②"合同不规定标的，就会失去目的。可见，标的是一切合同的主要条款。当然在不同的合同中标的的类型是不同的，例如在买卖、租赁等移转财产的合同中，标的经常与物联系在一起。换言之，标的是移转一定物的使用权和所有权。而在提供劳务的合同中，标的只是完成一定的行为。"③

合同标的是合同不可或缺的要素。《最高人民法院关于适用〈中华人民共和国合同法〉若干问题的解释（二）》第一条规定："当事人对合同是否成立存在争议，人民法院能够确定当事人名称或者姓名、标的和数量的，一般应当认定合同成立。但法律另有规定或者当事人另有约定的除外。"

（二）合同标的可以区分合同类型

合同标的可以区分合同类型。王泽鉴先生以"此三种契约（买卖、互易、赠与）在法律结构上均系将财产权（财产）让与他人"④ 为由，将买卖、互易、赠与三种契约命名为让与财权的契约；以"租赁、使用借贷及消费借贷三种契约，具有一个共通的特点，即当事人一方以物供他方在一定时间为使用收益"为由，将这三种契约命名为"以物供

---

① 王利明. 合同法新问题研究 [M]. 北京：中国社会科学出版社，2011：22.
② 史尚宽. 债法各论 [M]. 北京：中国政法大学出版社，2000：2.
③ 王利明. 合同法新问题研究 [M]. 北京：中国社会科学出版社，2011：78.
④ 王泽鉴. 民法概要 [M]. 北京：北京大学出版社，2011：256.

他人使用或收益的契约"；将雇佣、承揽、旅游、委任、寄托归为"劳务及工作给付契约"。[①]

（三）　保险标的即风险

保险标的即风险。从保险发展的历史来看，保险发源于海上，用于防范风险。保险合同双方当事人的意思表示针对的就是风险，一方为了转移风险，另一方为了管理风险。"保险合同是基于投保人（被保险人）和保险人双方为实现在一定条件下转移风险与接受风险转移之意愿而签订的商业性书面协议。"[②]保险不能改变被保险人的现在，但能确保被保险人的将来不会被改变。

三、保险标的不同于保险合同的客体

有的学者认为保险标的等同于保险合同的客体。[③][④]

（一）　法律关系的客体是权利义务所指的对象

1789 年，古斯塔夫·胡果在《现代罗马法阶梯》中最早提出法律关系一词，将其定义为"人与人在法律上的关系"。萨维尼在《当代罗马法体系》中对法律关系作了系统论述。19 世纪奥斯丁将"法律关系"的概念引入英国。苏联的法学家将法律关系提到法学基本范畴的地位。C. C. 阿列克谢耶夫在《法的一般理论》中认为，法律关系是根据法律规范产生的，具有主体法律权利和义务的，由国家强制力所支持的人与人之间个体化的社会联系。包括权利主体、客体（权利和义务所指向

---

①　王泽鉴. 民法概要［M］. 北京：北京大学出版社，2011：299.

②　张见生. 对保险合同客体多元性的分析［J］. 科技与产业，2009，9（3）.

③　李玉泉. 保险法［M］. 北京：法律出版社，2003：123.

④　黎剑飞，王卫国. 保险法教程［M］. 北京：北京大学出版社，2009：90.

的对象）和内容三个要素。①

法律关系的客体是法律关系的主体权利和义务指向的对象。张文显认为，法律关系的客体必须具备三个最低限度的特征：一是对主体"有用之物"；二是人类能够控制或部分控制的"为我之物"；三是独立于主体的"自在之物"。由此将法律关系的客体统一界定为物、行为、智力成果、人身利益。②

（二）客体可以区分不同法律关系类型

客体不同，法律关系类型也不一样。"权利以有形或无形之社会利益为其内容或目的，例如物权以直接排他地支配一定之物为其内容或目的，债权以要求特定之人一定行为为其内容或目的，为此内容或目的之成立所必要之一定对象，为权利之客体。即物权之客体为一定之物，债权之客体为特定之行为，人格权之客体为人之本身，亲属权之客体为立于一定亲属关系之他人，无体财产权之客体为精神之产物。"③"权利的主体为人（法人与自然人），客体则依权利种类的不同而异。人格权的客体为存在于权利人自身的人格利益。身份权的客体为存在于具有一定身份关系的他人的利益。债权的客体为债务人的给付。无体财产权（如著作权）为权利人的精神创造。"④

（三）保险合同的客体是给付

关于保险合同的客体，有保险利益说与多元说。保险利益说认为，"保险合同的客体是保险利益"⑤，"保险合同的客体是保险合同的重要

---

① 张玉洁. 民事法律关系客体新探 [J]. 天水行政学院学报，2011（3）.
② 张文显. 法理学 [M]. 北京：高等教育出版社，2007.
③ 史尚宽. 民法总论 [M]. 北京：中国政法大学出版社，2000：248.
④ 王泽鉴. 民法概要 [M]. 北京：北京大学出版社，2011：56.
⑤ 魏华林，林宝清. 保险学 [M]. 北京：高等教育出版社，2006：61.

组成部分。按照民法规定，客体是指权利和义务所指向的对象。保险合同的客体不是保险标的本身，而是投保人或被保险人对保险标的的保险利益"。① 多元说主张："保险合同的客体既不是保险标的，也不应是产生保险标的之上的保险利益。因为民事权利只是民事主体实现某种利益而依法为某种行为或不为某种行为的可能性。民事义务是义务人为满足权利人的利益而为一定行为或不为行为的必要性。因此，保险合同的客体应当是保险标的与行为的统一体，是体现一定物质利益的行为。"②

"债之客体，谓构成债的关系之内容之债务人行为，即债权人所得为请求及债务人所应实行者是也。自债务人方面而言之，则为给付。"③ 债是反映交易的法律形式，它以财产给付为内容，④ "债之关系的核心在于给付"。⑤ "给付，指债之关系上特定人间得请求的特定行为，不作为亦得为给付，且不以有财产价格者为限。给付具有双重意义，指给付行为或给付效果而言。"⑥ 根据给付的性质不同，可分为主给付义务与从给付义务、原给付义务与次给付义务。⑦

保险合同是债的一种，保险合同客体是给付。我国《保险法》按照保险合同类型对给付的内容作了区分。财产保险合同的客体为赔偿保险金，人身保险合同的客体为给付保险金。

从法理上讲，赔偿是民事责任的一种承担方式。财产保险合同中保险人的赔偿保险金实质上是一种义务而不是一种责任。笔者认为，为了保持法律概念的统一性与严肃性，有必要对财产保险合同的客体"赔偿"进行修改。

---

① 张洪涛，郑功成. 保险学 [M]. 北京：中国人民大学出版社，2004：70.
② 马鸣家. 保险法基础知识 [M]. 北京：中国商业出版社，1996：48－49.
③ 史尚宽. 债法总论 [M]. 北京：中国政法大学出版社，2000：231.
④ 王利明. 侵权责任法研究：上卷 [M]. 北京：中国人民大学出版社，2010：60.
⑤ 王泽鉴. 债法原理 [M]. 北京：北京大学出版社，2009：26.
⑥ 王泽鉴. 债法原理 [M]. 北京：北京大学出版社，2009：27.
⑦ 王泽鉴. 债法原理 [M]. 北京：北京大学出版社，2009：28－29.

四、保险标的载体

有的学者主张保险标的即保险标的物（人）。"所谓保险标的，就是作为保险对象的经济上的财货（财产）或自然人（人身保险），也就是保险事故发生的本体。若为物时则称为保险标的物，而必须载明于保险契约，若为人时，便同时是被保险人，当然也要载明于保险契约。"[①]保险标的在财产保险中称为保险标的物，其内容为财产，此财产不限于经济上的有形物，无形权利或责任也包括在内；在人身保险中称为保险标的的，其内容为人的生命、身体。[②]

（一）保险标的物

1. 合同标的物是与合同标的相关的有形物。

"标的物"一词在我国《合同法》中出现了103次，但没有一个是对"标的物"下的定义。"标的"一词在我国《合同法》中出现了8次，也没有一个是对"标的"下的定义。从上述两个数据可以得出一个结论，合同标的不同于合同标的物。

从字面理解，"标的物"是"标的"加"物"，即与标的相关的有形物。我国《合同法》中的买卖合同仅规定了有形物的买卖，而没有将无形物即知识产权的转让纳入其中，也就是说我国的买卖合同中一定有标的物，所以"标的物"一词在《合同法》第九章买卖合同中多次出现。

2. 合同标的物可以区分同一种类合同。

标的物用来区分同一种类合同。比如，同样是买卖合同，但标的物

① 郑玉波. 保险法论 [M]. 台北：三民书局，1998：25.
② 林群弼. 保险法论 [M]. 台北：三民书局，1998：167.

不同，合同也不一样。标的物是衣服，即为买卖衣服的合同；标的物是电视，即为买卖电视的合同。

合同必须有标的，但不一定有标的物。比如委托合同、行纪合同，它们的标的是劳务，但没有与标的相关的有形物，就不存在标的物。

3. 保险标的物适用的险种。

合同标的物是与合同标的相关的有形物，保险标的物即与保险标的相关的有形物。与人身保险标的相关的是人，所以，人身保险不存在标的物。

财产保险包括财产损失保险、责任保险、信用保险与保证保险。财产损失保险一般以被保险人的有形财产遭受损害的风险为标的，所以财产损失保险都存在保险标的物。责任保险是以被保险人对第三方承担责任的风险为标的的保险。信用保险、保证保险的标的是被保险人的债权得不到履行的风险，其没有与之相关的有形物。责任保险、信用保险、保证保险不存在保险标的物。

（二）保险标的人

1. 人身保险保险标的的载体。人身保险是以人的寿命、意外伤害与健康风险为保险标的的保险，其保险标的的载体是人。因此，人身保险的保险标的的载体即保险标的人。

2. 责任保险保险标的的载体。责任保险是以人的责任风险为保险标的的保险，其保险标的的载体为责任人。因此，责任保险的责任人即保险标的人。

3. 信用保证保险保险标的的载体。信用保证保险是以人的信用风险为保险标的的保险，其保险标的的载体为债权人。因此，信用保证保险的债权人即保险标的人。

不同保险合同类型的保险标的和保险标的的载体见表2－1。

表 2 - 1　　　　不同保险合同类型的保险标的和保险标的的载体

保险合同类型	保险标的	保险标的的载体
人寿保险	养老或死亡风险	保险标的人
健康保险	疾病风险	保险标的人
意外伤害保险	伤害风险	保险标的人
财产损失保险	财产损失风险	保险标的物
责任保险	责任风险	保险标的人
信用保险	信用风险	保险标的人
保证保险	信用风险	保险标的人

五、结论与建议

（一）结论

1. 保险标的是指保险合同交易的对象，即风险。保险标的转让是指风险的转让。

2. 保险标的的载体包括保险标的物与保险标的人。受损保险标的全部权利应指受损保险标的物的全部权利；雇主责任保险、信用保险、保证保险的保险标的所在地应指保险标的人所在地。

（二）建议

1. 建议将《保险法》第十六条"订立保险合同，保险人就保险标的或者被保险人的有关情况提出询问的，投保人应当如实告知"修改为"订立保险合同，保险人就保险标的的有关情况提出询问的，投保人应当如实告知"。

2. 建议将《保险法》第十八条中的"保险标的"修改为"保险标的物或保险标的人"。

3. 建议将《保险法》第四十九条中最后一个"保险标的"修改为

"保险标的物"。

4. 建议将《保险法》第五十一条、第五十二条、第五十三条、第五十五条、第五十九条中的"保险标的"修改为"保险标的物"。

5. 建议将《保险法》第五十七条、第六十条、第六十四条中的"保险标的"修改为"保险标的物或保险标的人"。

6. 建议将《保险法》第六十五条第四款"责任保险是指以被保险人对第三者依法应负的赔偿责任为保险标的的保险。"修改为"责任保险是指以责任人对第三者造成的损害风险为保险标的的保险"。

7. 建议将《最高人民法院关于适用〈中华人民共和国保险法〉若干问题的解释（二）》第一条"财产保险中，不同投保人就同一保险标的分别投保，保险事故发生后，被保险人在其保险利益范围内依据保险合同主张保险赔偿的，人民法院应予支持"中的"保险标的"修改为"保险标的物"。

8. 建议将《最高人民法院关于适用〈中华人民共和国保险法〉若干问题的解释（四）》第一条"保险标的已交付受让人，但尚未依法办理所有权变更登记，承担保险标的的毁损灭失风险的受让人，依照保险法第四十八条、第四十九条的规定主张行使被保险人权利的，人民法院应予支持"中的"保险标的"修改为"保险标的物"。

第三章　谁是真正的被保险人

一、被保险人的判断标准

大多数国家或地区的保险法对被保险人没有作定义，少数国家或地区的保险法对被保险人作了界定。我国《保险法》第十二条第五款规定："被保险人是指其财产或人身受保险合同保障，享有保险金请求权的人。投保人可以为被保险人。"我国台湾地区"保险法"第4条规定："本法所称被保险人，指于保险事故发生时，遭受损害，享有赔偿请求权之人；要保人亦得为被保险人。"日本《保险法》（2008年）第4条规定："损害保险的被保险人是蒙受由损害保险契约填补的损害之人；生命保险契约的被保险人是保险人就该人的生存或死亡支付保险给付之人；伤害疾病定额保险的被保险人是保险人基于该人的伤害或者疾病支付保险给付之人。"

从以上国家或地区的保险法对被保险人的规定来看，界定被保险人的标准有以下三个：一是风险受到保险合同保障的人；二是保险事故发生时遭受损失的人；三是享有保险金请求权的人。

上述三个标准中，第一个标准是原因，后两个标准是结果。因为风险受到保险合同保障，所以在发生保险事故时，被保险人遭受的损失，应该享有保险金请求权。"被保险人为保险契约之保护对象。故保险事故一旦发生，则被保险人便遭受到损害，自应享有赔偿之请求权。"①可见，界定被保险人的唯一标准是其风险受到保险合同保障的人。

二、财产损失保险中的被保险人

财产损失保险必定有保险标的物。财产损失保险是指保障保险标的物损失的风险。保险标的物损失风险的所有者即被保险人。保险标的物的所有者不一定是保险标的物风险的所有者，所以，保险标的物的所有者不一定是被保险人。

三、信用保证保险中的被保险人

无论是信用保险还是保证保险，均是指以某人的信用风险作为保险标的的保险。信用风险又称违约风险，是指债务人因种种原因，不愿或无力履行合同而构成违约，致使债权人遭受损失的可能性。信用风险的所有者（债权人）即被保险人。

四、责任保险中的被保险人

责任保险是指以某人对第三者造成损害的风险为保险标的的保险。责任保险可分为两类：违约责任保险与侵权责任保险。违约责任保险是指以债务人不履行债务导致债权人遭受损失的风险为保险标的的保险。侵权责任保险是指以某人侵害第三者导致第三者遭受损失的风险为保险

---

① 江朝国．保险法论文集：第二卷［M］．台北：瑞兴图书股份有限公司，1997：6.

标的的保险。

（一） 责任保险逐步发展为以保护受害人为基本目的

责任保险始创于法国。在 19 世纪初期颁布《拿破仑法典》后，法国首先开办了责任保险；随后德国也开办了责任保险；英国在 1857 年开始办理责任保险，美国责任保险制度产生于 1887 年后。[①] 传统的责任保险，以填补责任人对第三者承担赔偿责任而受到的损失为基本目的。随着社会的发展，责任保险对受害人的保护日益受到重视。[②]

1. 保险人的赔偿不再以受害人的给付为条件。

责任保险发端于雇主责任保险。雇主对其雇员因为发生与工作有关的人身伤害而承担责任所受到的损失，可以通过责任保险分担。雇主责任保险的目的在于保护雇主，填补雇主因承担损害赔偿责任所受到的损失。在雇主向受害人赔偿损害之前，保险人对雇主没有即时给付保险赔偿金的义务，只有雇主实际向受害人赔偿后，保险人才承担赔偿责任。在保险实务中，保险人在其保险单条款中往往加入以填补实际损失为目的的"不得诉讼条款"，即雇主不得对保险人提起诉讼，除非雇主依照法院判决所确定的金额，或者依照雇主、受害人与保险人之间达成的协议所确定的金额，向受害人实际给付赔偿金而受到的损失。在雇主失去清偿能力而对受害人不能履行赔偿责任时，若保险人以雇主未付出赔偿为由拒绝承担保险责任，显然不公平。[③]

基于这种现实困惑，责任保险的理论与实务开始注重责任保险第三者的利益。立法明确规定，当责任人破产或失去赔偿能力时，并不能免除保险人的保险给付责任，责任人即使未实际支付损害赔偿金，也可以

---

① 邹海林. 责任保险论［M］. 北京：法律出版社，1999：45. 转引自袁宗蔚. 保险学［M］. 台北：合作经济月刊社，1981：354.

② 邹海林. 责任保险论［M］. 北京：法律出版社，1999：46 – 47.

③ 邹海林. 责任保险论［M］. 北京：法律出版社，1999：250 – 251.

请求保险人支付保险赔偿金。由于立法的变化，实务中的"不得诉讼条款"也发生了变化。只要责任人对受害人的赔偿责任已被法院判决确定或者依照责任人、受害人与保险人之间的协议而确定，责任人可以对保险人提起诉讼。这种变化特别具有历史意义，体现了责任保险对受害人利益的保护。责任保险的受害人具有了保险合同准受益人的地位。[①]

2. 强制责任保险得以推广。

建立在自愿基础上的责任保险制度，对实现责任保险保护受害人利益的功能存在缺陷。责任人不投保责任保险，或者保险人拒绝承保责任保险，责任保险保护受害人的基本目标势必落空。以自愿为基础的责任保险制度，难以最大限度地实现责任保险保护受害人利益的政策目标。适度推行强制责任保险，符合责任保险保护受害人的基本政策目标。[②]

目前，各国和地区普遍推行的强制责任保险主要有三类：一是汽车责任保险。强制汽车责任保险的立法目的是保障交通事故中的被害人。[③] 为保障公共道路使用者的利益，汽车所有人或使用人在公共道路上使用汽车，应当投保汽车责任保险。绝大多数国家和地区都实行汽车责任强制保险。二是雇主责任保险。雇主责任保险为责任保险制度的先驱，整个责任保险制度均是在雇主责任保险的基础上得以发展的。大多数发达国家均实行雇主责任强制保险。如英国《雇主责任强制保险法》规定，在英国从事经营的任何雇主，对其因雇员的雇佣或者雇佣过程中所发生的人身伤害或疾病而承担的责任，必须投保或持有一份或多份、经授权的保险公司签发的符合要求的保险单。三是律师责任保险。在那些针对律师的赔偿责任提起赔偿较多的国家，大多实行律师强制责任保险。[④]

---

① 邹海林. 责任保险论 [M]. 北京：法律出版社，1999：252.
② 邹海林. 责任保险论 [M]. 北京：法律出版社，1999：49.
③ 叶启洲. 保险法专题研究：一 [M]. 台北：元照出版公司，2007：48.
④ 邹海林. 责任保险论 [M]. 北京：法律出版社，1999：73 – 74.

3. 赋予受害人直接请求权成为立法趋势。

现代责任保险之立法政策向优先保护社会上不特定之受害人的权益倾斜。[①] 通过保险立法直接赋予受害人向保险人之保险金请求权。意大利《民法典》第 1917 条规定："在预先通知被保险人的情况下，保险人得直接向受损失的第三人支付其应得的补偿。"

我国《保险法》第六十五条第二款规定："责任保险的被保险人给第三者造成损害，被保险人对第三者应负的赔偿责任确定的，根据被保险人的请求，保险人应当直接向该第三者赔偿保险金。被保险人怠于请求的，第三者有权就其应获赔偿部分直接向保险人请求赔偿保险金。"《最高人民法院关于适用〈中华人民共和国保险法〉若干问题的解释（四）》（以下简称《保险法司法解释四》）第十五条规定："被保险人对第三者应负的赔偿责任确定后，被保险人不履行赔偿责任，且第三者以保险人为被告或者以保险人与被保险人为共同被告提起诉讼时，被保险人尚未向保险人提出直接向第三者赔偿保险金的请求的，可以认定为属于保险法第六十五条第二款规定的'被保险人怠于请求'的情形。"

我国台湾地区"保险法"第 94 条对责任保险的规定："被保险人对第三人应负损失赔偿责任确定时，第三人得在保险金额范围内，依其应得比例，直接向保险人请求给付赔偿金额。"

（二） 责任保险中规定第三者为被保险人的意义

由于受害人没有保险金直接请求权，保险实务中责任保险遇到的困难有三个方面：一是保险人向被保险人赔偿后，被保险人由于身处困难之时，花掉了保险赔偿金，无力向受害第三者赔偿，导致受害第三者得不到赔偿。二是被保险人既不向受害第三者履行赔偿义务，也不向保险人请求赔偿，导致受害第三者迟迟得不到赔偿。三是"如果汽车的驾

---

① 樊启荣. 保险法诸问题与新展望 ［M］. 北京：北京大学出版社，2015：351.

驶员是一个破产人的话，则他的其他债权人就会主张与受害人同等的权利，故受害人只能以普通破产债权人的身份参与比例分配。如是，对于一个遭受侵害的第三者来说，显然是不公平的。故允许受害第三者直接向保险公司请求赔偿。"①

如果将责任保险中的受害第三者直接确定为被保险人，责任人实际上为保险标的人，这样就可以直接赋予受害第三者保险金请求权。

（三）　区分责任保险的类别确定被保险人

如果直接将所有责任保险的受害第三者都规定为被保险人，可能难以得到大家的认同，区分责任保险的类别确定被保险人应当是退一步的选择。"自由订立者谓之任意的责任保险；被强制订立者谓之强制的责任保险，亦称义务的责任保险。两者虽均具有保护该商品制造人之功能，但后者保护被害人之意义，却较重于保护商品制造人之意义。"②如果自愿责任保险的责任人是保险合同保障的首要对象，自愿责任保险的责任人是被保险人，那么强制责任保险的首要保障对象是受害人，强制责任保险的被保险人应当为受害的第三者。

五、人身保险中的被保险人

人身保险可以分为非以死亡为给付条件的人身保险（以下简称非死亡保险）与以死亡为给付条件的人身保险（以下简称死亡保险）。

（一）　非死亡保险

在非死亡保险中，保险合同保障的是某人的身体受到伤害、生病以

---

① 李永军. 合同法：第三版［M］. 北京：法律出版社，2010：402.
② 郑玉波. 民法债编总论：修订二版［M］. 陈荣隆，修订. 北京：中国政法大学出版社，2004：172.

及养老的风险。该某人即被保险人。

（二） 死亡保险

在死亡保险中，通常投保的目的是保障被保险人死亡后，被保险人遗属的生活。[①] 通常情况下，买人寿保险的意义在于给受益人以保障，保障其在被保险人早逝之后的经济利益。换句话说，寿险合同对受益人因被保险人失去盈利能力而遭受的损失进行补偿。[②]

在死亡保险中，当保险事故发生时，被保险人已经死亡，有保险金请求权的人是被保险人以外的第三者。[③]"人寿保险之主要目的，乃为保障生活安定，一个家庭如无恒产，则平时均依赖一家之主所得之固定收入以维持生活，在未遭受变故之前，尚可安逸度日，但一家之主若死亡，将使家属面临经济困难。"[④]

关于死亡保险的真正被保险人，举个例子，以加强大家的认识。某人为一名"70后"，目前在某保险公司任高管，其妻子在某事业单位工作。他们有两个孩子，年龄大的上小学五年级，年龄小的2岁半。他们名下有两套房，都需要还房贷。他的薪酬是维持家里生活的主要来源。如果他遭受意外，全家人的生活将无法维持。他购买了死亡保险，目的是家人的生活得到保障。保障家人的生活是他购买死亡保险的真正目的。所以，他的家人是他购买的死亡保险真正的保障对象。可见，死亡保险中，保险合同保障的是某人死亡导致其他人因其死亡遭受的经济损失的风险。死亡保险不是保障某人不死亡，而是保障其他人因该人死亡

---

① 刘宗荣. 新保险法：保险契约法的理论与实务 [M]. 北京：中国人民大学出版社，2009：65.

② 小罗伯特·H. 杰瑞，道格拉斯·R. 里士满. 美国保险法精解 [M]. 李之彦，译. 北京：北京大学出版社，2009：105.

③ 刘宗荣. 新保险法：保险契约法的理论与实务 [M]. 北京：中国人民大学出版社，2009：66.

④ 江朝国. 保险法论文集：第二卷 [M]. 台北：瑞兴图书股份有限公司，2002：32.

而遭受损失的风险。该其他人是死亡保险保障的人即被保险人，而通常所称的被保险人实际上是保险标的人。

（三）　死亡保险中受益人为被保险人的意义

现有各国和地区的保险法一般将死亡保险中的第三人规定为受益人。

1. 受益人的立法实践。

适用所有保险。比如，我国台湾地区"保险法"第5条规定："本法所称受益人，是指被保险人或要保人约定享有赔偿请求权之人，要保人或被保险人均得为受益人。"

适用人身保险。比如，我国《保险法》第十八条第三款规定："受益人是指人身保险合同中由被保险人或者投保人指定的享有保险金请求权的人。投保人、被保险人可以为受益人。"

适用特定的人身保险。比如，日本《保险法》第2条第5款规定："受益人是指由生命保险契约或伤害疾病定额保险契约所规定的受领保险给付之人。"

2. 学者的观点。

有的学者认为，保险合同约定的受益人为利他合同的第三人，受益人除适用人身保险外，还应该适用于财产保险。[①] 有的学者认为，在死亡保险中，当保险事故发生时，被保险人已经死亡，有保险金请求权的人是被保险人以外的第三人。因此，必须创设受益人的概念。[②] 江朝国先生也认为，人身保险中以死亡为保险事故发生的条件，除投保人、被

---

① 刘建勋. 论合同法一般性规则［M］. 中国保险行业协会，编. 保险法理论与实践. 北京：法律出版社，2016：35.

② 刘宗荣. 新保险法：保险契约法的理论与实务［M］. 北京：中国人民大学出版社，2009：66.

保险人之外，还须有受益人存在。此为受益人制度由来的原因。①

3. 受益人之争的分析。

在财产保险及非以死亡为给付条件的人身保险中，可以约定享有保险金请求权的受益人，该受益人本质上是利益第三人。什么是利益第三人？利益第三人是存在于第三人利益合同中的第三人。"所谓利益第三人合同，又称为利他合同、第三人取得债权的合同或为第三人利益订立的合同，它是指合同当事人约定由一方向合同关系外第三人为给付，该第三人即因之取得直接请求给付权利的合同。"②

我国《保险法》规定，人身保险中可以约定享有直接保险金请求权的受益人，无论是以死亡为给付条件的保险还是非以死亡为给付条件的保险。笔者认为，其混淆了利益第三人与以死亡为给付条件的保险中的受益人的关系。利益第三人与以死亡为给付条件的保险中受益人的区别：首先，利益第三人是合同当事人以外的第三人，对合同成立来说可有可无，而以死亡为给付条件的保险中的受益人是保险合同中不可缺少的人，没有受益人则保险合同不完整。其次，利益第三人合同中的利益第三人的权利来源于合同当事人中的一方，即合同当事人一方让渡自己的请求权于利益第三人。以死亡为给付条件的保险中受益人的保险金请求权不是保险合同当事人一方的让度，而是法律直接规定的。非死亡保险的受益人属于利益第三人。

苏格兰的法律规定，在第三人利益合同中，只要受益第三人知道该合同的存在，当事人就不能再变更或解除合同。③ 英国1999年《第三人权利法案》规定，受益第三人向承诺人表示接受合同后，第三人在合同中的权利就不能被修改或撤销；受益第三人可以以语言或行为表示

---

① 江朝国. 保险法基础理论［M］. 北京：中国政法大学出版社，2002：135.
② 王利明. 合同法研究：第一卷［M］. 北京：中国人民大学出版社，2002：123.
③ 陈任. 第三人利益合同的变更和解除［J］. 法律科学：西北政法学院学报，2007（5）.

接受。法国《民法典》第 1121 条规定，一旦受益第三人表明愿意接受合同中为其设定的利益时，债权人不再可以行使撤销权。意大利《民法典》第 1411 条第 2 款规定，第三人利益合同可以被当事人解除或修改，直到受益第三人向债务人声明他愿意得益于该合同。

根据美国《第二次法律重述》，在受益人确认合同以前，合同可以被撤销和修改。如果受益人已经就合同履行提起诉讼，或已经基于对合同履行的信赖作出改变，或已经按照承诺人和被承诺人的要求对合同表示同意，合同未经受益人同意，不得撤销或修改。①

"第三人利益合同在英美及大陆法系得到广泛的承认，在我国《合同法》草案中也曾规定了第三人的直接请求权，但在《合同法》的正式文本中却删除了这一规定。"② 由于我国不承认利益第三人合同，所以在财产保险中约定享有保险金请求权的受益人没有法律依据。

如果在非以死亡为给付条件的保险（包括财产损失保险、责任保险、信用保险及非以死亡为给付条件的人身保险）中约定受益人代债权人接受履行，则可适用《合同法》第六十四条"当事人约定由债务人向第三人履行债务的，债务人未向第三人履行债务或者履行债务不符合约定，应当向债权人承担违约责任"的规定。

第三人代债权人接受履行合同不同于第三人利益合同。首先，第三人权利的独立性不同。第三人代为接受履行时，第三人是债权人的辅助人，第三人不享有独立的请求权，债务人对第三人并未负担债务。而第三人利益合同的第三人享有独立的请求权，可直接请求债务人履行债务。其次，第三人拒绝受领的后果不同。第三人代接受履行的实质是履行方式的改变，第三人只是债权履行的辅助人，代为接受履行。一旦第

---

① 王黎黎. 中美两国利他合同相关立法的比较研究［J］. 西华大学学报：哲学社会科学版，2010 - 08.

② 叶金强. 利益第三人合同研究［J］. 比较法研究，2001（4）：72.

三人拒绝受领，债务人的履行义务不能消灭，尚应向债权人履行。第三人利益合同成立的要素中包含了第三人接受债务人对其的履行，第三人表示接受权利后，在受领标的物却拒绝的，则产生债权人拒绝受领的后果，债务人得依提存方式结束债权、债务关系。最后，在第三人代债权人接受履行的情况下，债务人对第三人并不负担义务，一旦债务人违约，第三人无法请求债务人承担继续履行、赔偿损失或支付违约金等违约责任，债务人的此等违约责任应向债权人负担。而第三人利益合同中的债务人一旦违约，应对第三人承担违约责任。[①]

在以死亡为给付条件的保险中，原被保险人被保险标的人代替，受益人即被保险人的真实身份被揭示，其法律地位将不存在争议。

六、结论与建议

（一）结论

财产损失保险的被保险人为财产损失风险的所有者，信用保证保险的被保险人为债权人，强制责任保险的被保险人为受损害的第三人，非强制责任保险的被保险人为责任人，死亡人身保险的受益人为被保险人，非死亡人身保险的被保险人为伤害、疾病或养老风险受到保障的人。如果法律规定以死亡为给付条件的保险中可以指定非被保险人以外的第三人为享有保险金请求权的受益人，该受益人实质上为利益第三人。

（二）建议

1. 建议将《保险法》第十八条第三款"受益人是指人身保险合同

---

① 吴旭莉. 合同第三人存在情形的实证分析 ［J］. 厦门大学学报：哲学社会科学版，2012（5）：78.

中由被保险人或者投保人指定的享有保险金请求权的人。投保人、被保险人可以为受益人"修改为"以死亡为给付条件的人身保险的被保险人由投保人与保险标的人指定。投保人可以为被保险人"。

2. 建议将《保险法》第十八条第一款第二项中的"以及人身保险的受益人的姓名或者名称、住所"，第十九条、第二十一条、第二十二条、第二十三条、第二十四条、第二十六条、第二十七条、第二十九条、第三十条中的"或者受益人""和受益人"删除。

3. 建议将《保险法》第三十九条"人身保险的受益人由被保险人或者投保人指定。投保人指定受益人时须经被保险人同意。投保人为与其有劳动关系的劳动者投保人身保险，不得指定被保险人及其近亲属以外的人为受益人。被保险人为无民事行为能力人或者限制民事行为能力人的，可以由其监护人指定受益人"修改为"以死亡为给付条件的人身保险的被保险人由保险标的人与投保人指定。投保人指定被保险人时须经保险标的人同意。投保人为与其有劳动关系的劳动者投保以死亡为给付条件的人身保险，不得指定保险标的人近亲属以外的人为被保险人。保险标的人为无民事行为能力人或者限制民事行为能力人的，可以由其监护人指定被保险人"。

4. 建议将《保险法》第四十条"被保险人或者投保人可以指定一人或者数人为受益人。受益人为数人的，被保险人或者投保人可以确定受益顺序和受益份额；未确定受益份额的，受益人按照相等份额享有受益权"修改为"在以死亡为给付条件的人身保险中，保险标的人与投保人可以指定一人或者数人为被保险人。被保险人为数人的，保险标的人与投保人可以确定受益顺序和受益份额；未确定受益份额的，被保险人按照相等份额享有受益权"。

5. 建议将《保险法》第四十一条"被保险人或者投保人可以变更受益人并书面通知保险人。保险人收到变更受益人的书面通知后，应当在保险单或者其他保险凭证上批注或者附贴批单。投保人变更受益人时须经被保险人同意"修改为"保险标的人与投保人可以变更以死亡为给付条件的人身保险的被保险人并书面通知保险人。保险人收到变更被保险人的书面通知后，应当在保险单或者其他保险凭证上批注或者附贴批单。投保人变更被保险人时须经保险标的人同意"。

6. 建议将《保险法》第四十六条"被保险人因第三者的行为而发生死亡、伤残或者疾病等保险事故的，保险人向被保险人或者受益人给付保险金后，不享有向第三者追偿的权利，但被保险人或者受益人仍有权向第三者请求赔偿"修改为"保险标的人因第三者的行为而发生死亡、伤残或者疾病等保险事故的，保险人向被保险人给付保险金后，不享有向第三者追偿的权利，但被保险人仍有权向第三者请求赔偿"。

7. 建议将《保险法》第六十五条"保险人对责任保险的被保险人给第三者造成的损害，可以依照法律的规定或者合同的约定，直接向该第三者赔偿保险金。责任保险的被保险人给第三者造成损害，被保险人对第三者应负的赔偿责任确定的，根据被保险人的请求，保险人应当直接向该第三者赔偿保险金。被保险人怠于请求的，第三者有权就其应获赔偿部分直接向保险人请求赔偿保险金。责任保险的被保险人给第三者造成损害，被保险人未向该第三者赔偿的，保险人不得向被保险人赔偿保险金。责任保险是指以被保险人对第三者依法应负的赔偿责任为保险标的的保险"修改为"责任保险是指以责任人对第三者造成的损害风险为保险标的的保险。强制责任保险的责任人为保险标的人，第三者为被保险人。保险人对强制责任保险的保险标的人给被保险人造成的损害，应当直接向被保险人赔偿保险金"。

8. 建议将《保险法》第六十六条"责任保险的被保险人因给第三者造成损害的保险事故而被提起仲裁或者诉讼的，被保险人支付的仲裁或者诉讼费用以及其他必要的、合理的费用，除合同另有约定外，由保险人承担"修改为"责任保险是指以责任人对第三者造成的损害风险为保险标的的保险。任意责任保险的责任人既是保险标的人，也是被保险人；强制责任保险的责任人是保险标的人，第三者为被保险人。保险人对任意责任保险的被保险人给第三者造成的损害，可以依照法律的规定或者合同的约定，直接向该第三者赔偿保险金。任意责任保险的被保险人给第三者造成损害，被保险人对第三者应负的赔偿责任确定的，根据被保险人的请求，保险人应当直接向该第三者赔偿保险金。被保险人怠于请求的，第三者有权就其应获赔偿部分直接向保险人请求赔偿保险金。任意责任保险的被保险人给第三者造成损害，被保险人未向该第三者赔偿的，保险人不得向被保险人赔偿保险金。强制责任保险的保险人应当直接向被保险人赔偿保险金。"

附：我国有关责任保险的政策[①]

一、公众责任保险

1. 火灾公众责任保险。

《国务院关于加强和改进消防工作的意见》（国发〔2011〕46 号）和《国务院办公厅关于印发消防安全责任制实施办法的通知》（国办发〔2017〕87 号）中都规定了火灾高危单位（对容易造成群死群伤火灾的人员密集场所、易燃易爆单位和高层、地下公共建筑等单位）应当参加火灾公众责任保险。

《国务院办公厅关于加强安全生产监管执法的通知》（国办发〔2015〕20 号）规定："推动公共聚集场所和易燃易爆危险品生产、储

---

① 微信公众号：壹壹法宝。

存、运输、销售企业投保火灾公共责任保险。"

2. 水路客运承运人责任保险。

《国内水路运输管理条例》（国务院令第 625 号）第十九条规定：
"水路旅客运输业务经营者应当为其客运船舶投保承运人责任保险或者
取得相应的财务担保。"

《国务院办公厅关于加强安全生产监管执法的通知》（国办发
〔2015〕20 号）规定："推动公共聚集场所和易燃易爆危险品生产、储
存、运输、销售企业投保火灾公共责任保险。"

3. 环境污染责任保险。

《防治船舶污染海洋环境管理条例》（2018 年 3 月 19 日修正）规
定："在中华人民共和国管辖海域内航行的船舶，其所有人应当按照国
务院交通运输主管部门的规定，投保船舶油污损害民事责任保险或者取
得相应的财务担保。但是，1000 总吨以下载运非油类物质的船舶
除外。"

《国务院办公厅关于印发"无废城市"建设试点工作方案的通知》
（国办发〔2018〕128 号）规定："到 2020 年，在试点城市危险废物经
营单位全面推行环境污染责任保险。"

《国务院办公厅关于印发国家突发事件应急体系建设"十三五"规
划的通知》（国办发〔2017〕2 号）规定："推行安全生产、环境污染
和食品安全责任保险，结合灾害风险和应急需求，不断丰富保险品种；
加强应急救援人员人身安全保险保障。"

《国务院关于印发"十三五"节能减排综合工作方案的通知》（国
发〔2016〕74 号）、《国务院关于印发"十三五"生态环境保护规划的
通知》（国发〔2016〕65 号）规定："在环境高风险领域建立环境污染
强制责任保险制度。"

《国务院关于印发土壤污染防治行动计划的通知》（国发〔2016

31 号）规定："有序开展重点行业企业环境污染强制责任保险试点。"

《危险化学品安全管理条例》（2013 年修订）规定："通过内河运输危险化学品的船舶，其所有人或者经营人应当取得船舶污染损害责任保险证书或者财务担保证明。"

《太湖流域管理条例》（国务院令第604号）规定："国家鼓励太湖流域排放水污染物的企业投保环境污染责任保险，具体办法由国务院环境保护主管部门会同国务院保险监督管理机构制定。"

4. 食品安全责任保险。

《食品安全法》（2018 年修正）规定："国家鼓励食品生产经营企业参加食品安全责任保险。"

《国务院关于印发"十三五"国家食品安全规划和"十三五"国家药品安全规划的通知》（国发〔2017〕12 号）规定："扩大食品安全责任保险试点。""探索建立药品医疗器械产品责任保险及损害赔偿补偿机制。"

5. 实习责任保险。

《国务院办公厅关于深化产教融合的若干意见》（国办发〔2017〕95 号）规定："加快发展学生实习责任保险和人身意外伤害保险，鼓励保险公司对现代学徒制、企业新型学徒制保险专门确定费率。"

《国务院关于加快发展现代职业教育的决定》（国发〔2014〕19 号）规定："健全学生实习保险责任制度。"

6. 养老服务机构责任保险。

《老年人权益保障法》（2018 年修正）规定："国家鼓励养老机构投保责任保险，鼓励保险公司承保责任保险。"

《国务院办公厅关于加快发展商业养老保险的若干意见》（国办发〔2017〕59 号）规定："探索商业保险机构与各类养老机构合作模式，发展适应养老机构经营管理风险要求的综合责任保险，提升养老机构运营效率和稳健性。"

《国务院关于印发"十三五"国家老龄事业发展和养老体系建设规划的通知》（国发〔2017〕13号）规定："支持发展养老机构责任保险，提高养老机构抵御风险能力。"

7. 特种设备安全责任保险。

《国务院办公厅关于加强电梯质量安全工作的意见》（国办发〔2018〕8号）规定："推动发展电梯责任保险，探索有效保障模式，及时做好理赔服务，化解矛盾纠纷。创新保险机制，优化发展'保险＋服务'新模式，发挥保险的事故赔偿和风险预防作用，促进电梯使用管理和维保水平提升。"

《特种设备安全监察条例》（2009年修订）规定："国家鼓励实行特种设备责任保险制度，提高事故赔付能力。"

8. 校园方责任保险。

《国务院办公厅关于加强中小学幼儿园安全风险防控体系建设的意见》（国办发〔2017〕35号）规定："有条件的地方，可以积极探索与学生利益密切相关的食品安全、校外实习、体育运动伤害等领域的责任保险，充分发挥保险在化解学校安全风险方面的功能作用。"

9. 旅行社责任保险。

《国务院关于印发"十三五"旅游业发展规划的通知》（国发〔2016〕70号）规定："完善旅行社责任保险机制，推动旅游景区、宾馆饭店、旅游大巴及高风险旅游项目旅游责任保险发展。"

《旅游法》（2018年修正）规定，国家根据旅游活动的风险程度，对旅行社、住宿、旅游交通以及高风险旅游项目等经营者实施责任保险制度。

10. 其他责任保险。

《全民健身条例》规定："县级人民政府对向公众开放体育设施的学校给予支持，为向公众开放体育设施的学校办理有关责任保险。""国家鼓励全民健身活动组织者和健身场所管理者依法投保有关责任保险。"

《国务院办公厅关于加快发展健身休闲产业的指导意见》（国办发〔2016〕77 号）规定："引导保险公司根据健身休闲运动特点和不同年龄段人群身体状况，开发场地责任保险、运动人身意外伤害保险。积极推动青少年参加体育活动相关责任保险发展。"

二、雇主责任类保险

1. 雇主责任保险。

《国务院办公厅关于印发完善促进消费体制机制实施方案（2018—2020 年）的通知》（国办发〔2018〕93 号）规定："支持商业保险机构开发家政服务雇主责任保险、职业责任保险、意外险等保险产品。"

2. 安全生产责任保险。

《国务院办公厅关于印发安全生产"十三五"规划的通知》（国办发〔2017〕3 号）规定："建立企业安全生产责任保险制度。"

《国务院办公厅关于印发危险化学品安全综合治理方案的通知》（国办发〔2016〕88 号）规定："探索安全生产责任保险在事故处置过程中发挥作用的方法。"

《国务院办公厅关于加强安全生产监管执法的通知》（国办发〔2015〕20 号）规定："在依法推进各类用人单位参加工伤保险的同时，鼓励企业投保安全生产责任保险，并理顺安全生产责任保险与风险抵押金的关系，推动建立社会商业保险机构参与安全监管的机制。""进一步推动在煤矿、非煤矿山、危险化学品、烟花爆竹、建筑施工、民用爆炸物品、特种设备、金属冶炼与加工、水上运输等高危行业和重点领域实行安全生产责任保险制度，推动公共聚集场所和易燃易爆危险品生产、储存、运输、销售企业投保火灾公共责任保险。"

三、职业责任保险

1. 医疗执业责任保险。

《国务院关于印发"十三五"深化医药卫生体制改革规划的通知》（国发〔2016〕78号）规定："加快发展医疗责任保险、医疗意外保险，探索发展多种形式的医疗执业保险。"

《国务院办公厅关于城市公立医院综合改革试点的指导意见》（国办发〔2015〕38号）规定："健全调解机制，鼓励医疗机构和医师个人购买医疗责任保险等医疗执业保险，构建和谐医患关系。"

《国务院办公厅关于进一步加强乡村医生队伍建设的实施意见》（国办发〔2015〕13号）规定："建立适合乡村医生特点的医疗风险分担机制，可采取县域内医疗卫生机构整体参加医疗责任保险等多种方式有效化解乡村医生的执业风险，不断改善乡村医生执业环境。"

2. 其他职业责任保险。

《公证法》（2017年修正）规定："公证机构应当参加公证执业责任保险。"

《资产评估法》规定："评估机构根据业务需要建立职业风险基金，或者自愿办理职业责任保险，完善风险防范机制。"

《国务院办公厅关于进一步加强资本市场中小投资者合法权益保护工作的意见》（国办发〔2013〕110号）规定："上市公司退市引入保险机制，在有关责任保险中增加退市保险附加条款。健全证券中介机构职业保险制度。"

四、产品责任类保险

产品质量安全责任保险。

《国务院办公厅关于印发消费品标准和质量提升规划（2016—2020年）的通知》（国办发〔2016〕68号）规定："培育标准化服务、品牌咨询、质量责任保险等新兴质量服务业态，为消费品生产企业和各类科技园、孵化器、创客空间等提供全生命周期质量技术支持。"

《国务院关于加强质量认证体系建设促进全面质量管理的意见》（国发〔2018〕3号）规定："健全政府、行业、社会等多层面的认证采信机制，完善鼓励企业参与自愿性认证活动的激励措施，出台质量认证责任保险、获证企业授信等政策。"

《国务院关于积极发挥新消费引领作用加快培育形成新供给新动力的指导意见》（国发〔2015〕66号）规定："鼓励保险机构开发更多适合医疗、养老、文化、旅游等行业和小微企业特点的保险险种，在产品"三包"、特种设备、重点消费品等领域大力实施产品质量安全责任保险制度。"

《国务院办公厅关于加快推进重要产品追溯体系建设的意见》（国办发〔2015〕95号）规定："为开展追溯体系建设的企业提供信贷支持和产品责任保险。"

五、其他责任保险

知识产权海外侵权责任保险。

《国务院关于印发"十三五"国家知识产权保护和运用规划的通知》（国发〔2016〕86号）规定："研究推进知识产权海外侵权责任保险工作。"

第四章　保险利益是什么

一、问题的提出

我国《保险法》第十二条规定："人身保险的投保人在保险合同订立时，对被保险人应当具有保险利益。财产保险的被保险人在保险事故发生时，对保险标的应当具有保险利益。人身保险是以人的寿命和身体为保险标的的保险。财产保险是以财产及其有关利益为保险标的的保险。被保险人是指其财产或者人身受保险合同保障，享有保险金请求权的人。投保人可以为被保险人。保险利益是指投保人或者被保险人对保险标的具有的法律上承认的利益。"

根据上述第一款"人身保险的投保人在保险合同订立时，对被保险人应当具有保险利益"与第二款"财产保险的被保险人在保险事故发生时，对保险标的应当具有保险利益"，可以推导出"投保人或被保险人"对"保险标的"或"被保险人"应当具有保险利益。该结论与第六款"保险利益是指投保人或者被保险人对保险标的具有的法律上承认的利益。"不一致。

何为保险利益？

二、财产损失保险的保险利益

16 世纪 Straccha 首度提出，对于保险金额的请求，被保险人应证明其保险利益的存在。[①] 18 世纪英国的海上保险实际情况是，被保险人投保海上保险时，并不需要证明自己对投保货物拥有所有权或者其他能被法律所认可的关系。由于不需要证明利益关系，导致赌博有机可乘。为了遏制这种行为，1746 年英国国会以立法的形式宣布，海上保险生效的前提是被保险人对被保险的财产如果只具备可有可无的利益，或除保单本身之外不具备任何利益证据，或只为赌博或博彩的目的，或无权向保险人进行委付的话，均不能为国王陛下或其臣民所拥有的船只投保，也不能为此等船只所承载或将要承载的货物、商品、物品投保；如有违反，则此等保险应自始无效，不管保险的意图或目的为何。[②]

（一）财产损失保险保险利益的立法实践

1. 被保险人对被保险财产具有实质性期待。

1782 年，曼斯菲尔德勋爵提出实质性期待标准。实质性期待指的是被保险人对被保险的财产续存所能带来的经济利益的期待，或者反过来说，对被保险财产灭失会造成的经济损失的期待。[③] 当时英国与西班牙交战，英国海军捕获了西班牙一艘名为"圣多明戈"号战舰。根据当时英国国会颁布的《战利品法》，凡从西班牙人手中获得的船只，其所有权都归属英王，然后由英王赐予捕获者使用。捕获"圣多明戈"

[①] 江朝国. 保险法基础理论 [M]. 北京：中国政法大学出版社，2002：48.

[②] 小罗伯特·H. 杰瑞，道格拉斯·R. 里士满. 美国保险法精解 [M]. 李之彦，译. 北京：北京大学出版社，2009：101.

[③] 小罗伯特·H. 杰瑞，道格拉斯·R. 里士满. 美国保险法精解 [M]. 李之彦，译. 北京：北京大学出版社，2009：117.

号战舰的英国船长豪尔福特和他的水手要押送该船回国。为了保证他们的利益，他们在起程前为这次航程购买了保险。这艘船在航程途中遇险沉没，保险人则以被保险人没有保险利益为由拒赔。曼斯菲尔德勋爵认为："保险利益原则要求被保险人要拥有利益，但没有要求他拥有特定利益。豪尔福特船长虽然不具备法定利益，但航程要是能完成，他可以赚到利润，这种利润尽管还没有实现，但足以构成保险利益了。"该案确立了对保险标的拥有实质性期待的利益也可以构成保险利益。①

2. 被保险人对被保险财产具有法定利益。

英国艾尔顿勋爵认为，只有法定的权利才构成保险利益。对艾尔顿勋爵来说，技术上的法定利益都可以构成保险利益，即便这种利益肯定不具有任何价值。相反，经济上的利益只要没有相应的法定利益相伴，哪怕再确定不过，也都不能构成保险利益。这就是法定利益标准。② 英国 1906 年《海上保险法》认定，可保利益是主要针对被保险人因为海上航程或受保财产的安全到达而受益，或因为它们的灭失、损坏、被滞留而受损，或因受保财产而招致责任。总之，被保险人需要对受保财产有"合法或公平的关系"。③ 英国 1906 年《海上保险法》第 4 条规定："以赌博方式订立之海上保险契约无效。有下列情形之一的海上保险契约视为赌博：（1）被保险人不具有本法规定的保险利益，且在无取得此等利益之期待下订立的契约；（2）以不论有无利益，除保单本身外无须证明利益之存在、保险人不得主张残余物之利益，或其他类似条件订立的契约。"1909 年英国《海上保险反赌博法》规定，保险人明知被保险人对保险标的无保险利益而仍承保者，处一年以下有期

---

① 小罗伯特·H. 杰瑞，道格拉斯·R. 里士满. 美国保险法精解［M］. 李之彦，译. 北京：北京大学出版社，2009：106 - 107.

② 小罗伯特·H. 杰瑞，道格拉斯·R. 里士满. 美国保险法精解［M］. 李之彦，译. 北京：北京大学出版社，2009：108 - 109.

③ 杨良宜. 海上货物保险法［M］. 北京：法律出版社，2010：110.

徒刑。

　　至于美国，保险利益原则最早是由法官在司法实践中发展出来的，其后才由一些州以成文法的形式予以确认。近 30 个州的法律都将财产保险中被保险人的保险利益界定为：“任何对于保护财产免受损失、毁坏或金钱上的损害而拥有的合法利益或实质性经济利益”。[①] 纽约州的法律将财产保险的保险利益定义为“对保护财产免于灭失、摧毁或损坏而具有的合法的、实质性利益”。阿肯色州也采用了实质性期待标准，其保险利益是指“对于保险标的免于灭失、摧毁或损坏而具有实际的、合法的、实质性的利益。”[②] 在适用法定利益标准时，美国各州的法院通常承认三种利益可以构成保险利益：财产权利、合同权利与法律责任。[③] 财产权利是指普通法或衡平法下任何类型的所有权。只要被保险人对被保险的财产具有所有权，即具有保险利益。合同权利是指在一般规则下，如果某人的合同权利直接取决于特定财产的续存，则此人对于此项财产拥有保险利益。法律责任是指如果某人需要为特定财产的灭失或毁坏承担法律责任，则此人对于此项财产拥有保险利益。[④]

　　3. 被保险人对被保险的财产具有所有权关系。

　　德国法院曾经有一个经典案例主张保险利益为所有权关系。被保险人甲将其所有的建筑物投保了财产损失保险。1921 年 1 月 4 日，甲将该建筑物卖给了第三人，且于同年 4 月 1 日完成移转占有，但未完成登记。同年 8 月 30 日该建筑物遭火灾焚毁。甲提起诉讼要求保险公司支付赔偿。保险公司则抗辩认为，该建筑物已经出卖且已移转占有，因而

　　① 小罗伯特·H. 杰瑞，道格拉斯·R. 里士满. 美国保险法精解 [M]. 李之彦，译. 北京：北京大学出版社，2009：102.

　　② 小罗伯特·H. 杰瑞，道格拉斯·R. 里士满. 美国保险法精解 [M]. 李之彦，译. 北京：北京大学出版社，2009：120 - 121.

　　③ 小罗伯特·H. 杰瑞，道格拉斯·R. 里士满. 美国保险法精解 [M]. 李之彦，译. 北京：北京大学出版社，2009：111.

　　④ 小罗伯特·H. 杰瑞，道格拉斯·R. 里士满. 美国保险法精解 [M]. 李之彦，译. 北京：北京大学出版社，2009：112 - 116.

甲对于标的物的保险利益已消灭，第三人具有保险利益，应当将赔偿款支付给第三人。最终德国法院判决：保险法上的"保险标的物所有权之移转"在未登记前，其物权行为的法定方式并未完成，即该物的所有权仍保留在卖方。虽然买方已经签订了买卖契约占有使用该建筑物，但在完成登记前，甲是物权法形式上的所有权人，仍视为具有保险利益，对保险人享有赔偿请求权。此判决对于以后相同的判例扮演着基础性的角色，且获得多数学者附和，成为陆上保险利益的"通说"。[①] 物权法上的所有人即保险利益的所有人，这种保险利益观点在德国《保险合同法》第69条得以体现。

（二）财产损失保险保险利益评析

保险利益起源于海上保险，初衷是为了将保险与赌博区分开，所以要求被保险人对海上运输的货物必须有某种利益关系。保险利益立法实践大致有所有权关系、实质性期待与法定利益。这三种保险利益立法实践可归纳为两类：一物一利益和一物多利益。一物一利益是指在同一个物上只有一种保险利益。这种利益可分为：所有权关系，是指在同一个物上唯有一个保险利益即物的所有权[②]；实质性期待，是指在同一个物上唯有一个保险利益即物的风险的所有权。一物多利益是指在同一个物上有多种利益，一物可多重保险而无复保险之存在。[③] 法定利益是指在同一个物上可以有多种利益：对同一标的物，如果是标的物的毁损风险的承担者可以投保财产损失保险；如果是标的物的保管者，则可以投保责任保险。

笔者认为，法定利益说偏离了保险利益的初衷。保险利益发源于海

---

① 江朝国. 保险法基础理论［M］. 北京：中国政法大学出版社，2002：61-62.

② 江朝国. 保险法基础理论［M］. 北京：中国政法大学出版社，2002：52.

③ 江朝国. 保险法基础理论［M］. 北京：中国政法大学出版社，2002：68.

上保险，主要是对海上货物损失风险的利益关系的确定。无论是标的物所有权关系还是标的物风险的所有者关系，均是讨论被保险人对同一标的物毁损的风险需要具备什么关系。而法定利益说讨论的是对于同一标的物，不同的人可以投保什么保险，这显然是"跑题了"。

笔者赞同财产损失保险的保险利益是要求被保险人是保险标的物损失风险的所有者，而不是保险标的物的所有者。买卖合同的标的物毁损灭失风险的负担是指不可归责于双方当事人的事由而产生的损失的分配制度。各国关于买卖合同的风险负担主要有三种做法：① （1）风险从合同订立时起移转于买受人。最早罗马法针对不动产买卖曾经采用了合同缔结时风险就移转给买受人的规则。1804 年法国《民法典》确立了风险从合同订立时起移转于买受人的规则。瑞士《债务法》借鉴法国法的经验，认为合同订立后，利益及危险移转于取得人。荷兰、西班牙等国也采纳了这一规则。（2）风险随所有权移转。1804 年法国《民法典》规定对特定物的买卖，标的物的风险移转与所有权移转的时间一致。在英国，采纳了风险随所有权移转。所有权一旦移转给买受人，无论货物是否已经交付，其风险均由买受人承担。（3）风险随交付移转。风险交付主义以物的实际交付时间为标的物风险移转的确定标志，无论标的物所有权是否已经移转，均由标的物的实际占有者承担风险。交付主义最早被德国《民法典》所采纳。美国也采纳了交付移转风险的规则。

我国立法借鉴德国法的经验，在风险负担的判断方面以交付为一般原则。我国《合同法》第一百四十二条规定："标的物毁损、灭失的风险，在标的物交付之前由出卖人承担，交付后由买受人承担，但法律另有规定或者当事人另有约定的除外。"如果为买卖合同中的标的物毁损灭失的风险购买财产损失保险，标的物交付前被保险人应当是出卖人，

---

① 王利明. 合同法研究：第三卷［M］. 北京：中国人民大学出版社，2012：87 – 93.

标的物交付后被保险人应当是买受人。

三、死亡保险的保险利益

在18世纪寿险也存在赌博现象。一种做法是当时在流行的刊物上记载了以被保险人（遭到死刑起诉的犯罪嫌疑人）的生命投保的事情。这类保单实质上是赌博，赌的就是犯罪嫌疑人最终是否会被定罪。另一种做法是被保险人为年迈的名人投保。由于被保险人对被保险的生命并无保险利益，这种"保险"最大的危险就在于能诱使投保人设法提前终结被保险人的生命。[①] 1774年，英国国会颁布了适用寿险的保险利益成文法，其目的在于制止保险的赌博行为。英国1774年《人寿保险法》第1条规定："自本法通过后，任何个人或政治或商业法人团体不得以使用该保险或自该保险受益之人不具有利益之任何人的生命或任何其他事故投保保险，或以赌博方式投保。任何违反本条宗旨的保险，一概无效。"《人寿保险法》第4条规定："凡无保险利益的人，或以赌博、博彩为目的的人，不得以他人的生命投保，或为任何事件投保；不得以他人的用益、利益或身份要求保险人签发保单。"[②] 该条款要求寿险的被保险人对他人的生命要有保险利益。

（一）死亡保险的保险利益的立法实践

1. 被保险人对被保险的生命具有天然情感。

法律允许某人为其最亲密的人投保，即具有天然情感。在英国其范围是有限的，丈夫可以为妻子的生命投保，妻子可以为丈夫的生命

---

① 小罗伯特·H. 杰瑞，道格拉斯·R. 里士满. 美国保险法精解［M］. 李之彦，译. 北京：北京大学出版社，2009：102.

② 小罗伯特·H. 杰瑞，道格拉斯·R. 里士满. 美国保险法精解［M］. 李之彦，译. 北京：北京大学出版社，2009：102.

投保，某人可以为他的父母或祖父母投保。美国与英国相反，所有与被保险人有密切关系或亲族关系的人，只要他们基于天然情感对被保险的生命的延续具有非金钱利益，就认为具有保险利益。[①] 美国近30个州把寿险中的保险利益定义为："具有血缘关系或法律关系的人们彼此具有的爱和感情"；"至于其他之间，则是对被保险的生命、健康和人身安全所具有的合法利益或实质性经济利益，以此区别于被保险人的死亡、失能或受伤而获得增值的利益。"[②] 日本1899年《商法典》第428条规定，保险金额的领取者只能是被保险的生命本人、其继承人或亲属。

2. 被保险人对被保险的生命具有金钱关系。

保险利益必须是可以用货币价值进行合理估算的金钱利益。一是法定利益。在英国，该利益必须是法定的，不仅仅是一种可能性或期待。而美国则相反，被保险人只要对取决于被保险生命的存续期的利益或损失有合理的期待就足够。二是或有权利。如果一个权利人对其权利的享有和行使依赖于某一生命的存续，则他对该生命具有可保利益。三是不确定的债务。如果只有在某人生存期间，才有某种法定义务的产生，则对该人的生命具有保险利益。[③]

3. 被保险人需要得到被保险生命的同意。

德国1794年《普鲁士法典》第1971条规定，父母、子女、配偶、未婚夫（妻）可以无条件地以其子女、父母、未婚妻（夫）的生命投保，但为自己的利益而以其他第三者的生命投保时，则适用该法第

---

① MALCOLM，A. CLARKE. 保险合同法［M］. 何美欢，吴志攀，等，译. 北京：北京大学出版社，2002：84.

② 小罗伯特·H. 杰瑞，道格拉斯·R. 里士满. 美国保险法精解［M］. 李之彦，译. 北京：北京大学出版社，2009：102－103.

③ MALCOLM，A. CLARKE. 保险合同法［M］. 何美欢，吴志攀，等，译. 北京：北京大学出版社，2002：86－87.

1793 条的规定，必须征得该第三者的书面同意。① 德国《保险合同法》（2008 年）第 150 条第 2 款规定："以他人之死亡为保险事故订立保险合同并且约定赔偿金额超过普通丧葬费用的，须经他人书面同意保险合同才能生效。"该法第 179 条第 2 款规定："以他人可能遭受的伤害为标的购买保险的，必须得到该人的书面同意，保险合同才能生效。"

在 17—18 世纪，死亡保险由于具有极大的投机性而在法国遭到禁止，直到 1818 年才允许一部分公司经营人身保险，但对他人的生命为保险标的的保险进行了严格限制，要求比德国更加严格：一是被保险人同意的意思表示，不仅要求书面形式，而且还必须在该书面中载明他所同意投保的保险金额，否则不能产生同意的效果；二是不仅应在订立契约时征得被保险人的同意，而且在保险契约成立向第三者转让保险金请求权或就保险金请求权设定抵押时，也须征得被保险人的同意。②

日本 1911 年《商法典》第 674 条第 1 款规定："订立因他人死亡而支付保险金额的保险契约时，应经该他人同意。但是，被保险人为保险金额受领人时，不在此限。"③ 韩国《商法典》第 731 条规定，关于以他人的死亡为保险事故的保险合同，在签订合同时须有该他人的书面同意。

美国近 50% 的州的法律明文规定，以他人生命投保的保险，事前必须征得被保险人的同意，只有涉及配偶关系或者父母为未成年子女购买保险的除外。在多数情况下，如果被保险人同意保险人签发以自己生命为标的的保单，他的生命安全便多了一层保护，同意权可以减少被保险人被谋杀的风险。④

---

① 杨东霞. 中国近代保险立法移植研究［M］. 北京：法律出版社，2009：85 – 86.
② 杨东霞. 中国近代保险立法移植研究［M］. 北京：法律出版社，2009：86.
③ 杨东霞. 中国近代保险立法移植研究［M］. 北京：法律出版社，2009：87.
④ 小罗伯特·H. 杰瑞，道格拉斯·R. 里士满. 美国保险法精解［M］. 李之彦，译. 北京：北京大学出版社，2009：142.

（二）　死亡保险的保险利益评析

死亡保险的保险利益要求被保险人对被保险的生命必须具备一定关系。立法实践中主要包括天然情感、金钱关系和被保险生命同意三种关系。关于金钱关系，如债权人对其债权金额为保险金额签订的保险契约，在债务人死亡后，直接向保险人获得该保险金额。此种保险在严格意义上讲，并非人身保险，而为信用保险，即债权人为避免其对于债务人的债权，在债务人死亡之时无法获偿，故以保险合同来保障其债权。此时被保险人应为债权人自己，而非债务人，保险利益为债权人对债务人之债权具有利益，保险金额为债权金额而非债务人本身生命的价值。[①]

天然情感和被保险生命的同意是死亡保险的保险利益发展的两个阶段。在人身保险保险合同中，欧陆保险法自 19 世纪中叶开始即不适用天然情感的概念，因其容易引起道德危险，所以以被保险人（危险发生的人）的书面同意所代替。[②] 有人认为天然情感足以防止赌博行为或道德风险的发生，同意与否已无必要。然而从实际来看，如因各种利害关系的存在，无须被保险的生命同意即可订立保险合同，保险仍然不能给予人们生活的安定，反而使人们的生命安全处于随时可能遭受危害的威胁中。因此，在现今的各国保险法规中，大多数规定以死亡为给付条件的保险必须经被保险生命的同意。[③]

同意代替感情的原因有三个方面：[④] 一是由于人身保险合同中人与人之间的关系颇为复杂、多变，赋予被保险人的同意权，使其自己决定是否参加保险，将具有主观性的人与人之间的利益关系客观化。其前提

---

①　江朝国. 保险法基础理论 [M]. 北京：中国政法大学出版社，2002：69.

②　江朝国. 保险法基础理论 [M]. 北京：中国政法大学出版社，2002：126.

③　袁宗蔚. 保险学 [M]. 北京：首都经济贸易大学出版社，2000：244.

④　高宇. 论被保险人及其同意权 [J]. 吉林师范大学学报：人文社会科学版，2004（6）.

是人的意志是自由的，人能够认识判断并选择自己的行为。二是对保险金额同意的主要目的是一方面凭借保险金额的约定，使被保险人自己来决定其生命面临的危险状况；另一方面，推测投保人的动机，可以更有效地控制风险。一般情况下，保险金额越大，发生危险的概率越高；保险金额越小，发生危险的概率越低。三是通过被保险人同意权实现对被保险人人格的尊重。当以第三者为被保险人订立以死亡为给付保险金条件的合同时，是以他人的身体或生命为对象，涉及他人的人格权。人格权的要旨在于维护个人人格的完整、独立和不可侵犯。因此，被保险人同意权的行使，实质上是让其自己决定是否愿意以自己的身体或生命为保险标的，体现了对人格权的尊重。

四、其他保险的保险利益

（一） 责任保险的保险利益

责任保险最早出现在法国。英国于 1857 年创立责任保险制度，1880 年颁布《雇主责任法》。1886 年在美国开设雇主责任保险公司。1884 年德国颁布实施《雇员赔偿法》。[①] 侵权行为法中的无过错责任的发展是与责任保险的发展联系在一起的。责任保险制度成功地减轻并分散了加害人的负担，为无过失责任制度的发展提供了坚实的社会基础。[②]

正如在第三章中指出的，责任保险真正的被保险人是受害方。责任保险的保险利益要求被保险人必须是责任风险的承受者即受害人。

（二） 信用保证保险的保险利益

信用保证保险是以债权人的债权实现的风险为保险标的的保险。信

[①] 杨东霞. 中国近代保险立法移植研究 [M]. 北京：法律出版社，2009：93.

[②] 王利明. 侵权行为法归责原则研究 [M]. 北京：中国政法大学出版社，1992：165.

用保证保险的保险利益要求被保险人必须为信用风险的所有者即债权人。

（三）　非死亡人身保险的保险利益

非死亡人身保险包括养老保险、意外伤害保险和疾病保险。养老保险的保险利益要求被保险人是被养老者本人。意外伤害保险和疾病保险的保险利益要求被保险人必须是遭受意外伤害或疾病的人或被养老者。

五、结论

（一）　保险利益是对被保险人资格的限制

保险利益的起源是为了防止道德风险，要求被保险人对被保险的财产或生命必须具有一定关系。保险利益最初讨论的主要是财产损失保险与死亡保险，后来逐步适用责任保险、信用保险及其他人身保险。

（二）　投保人不需要具备保险利益

1. 财产保险中投保人无须具备保险利益。

不会引起道德风险。投保人对保险标的无须具有保险利益，原因在于保险事故发生后，保险赔偿请求权不属于投保人而是属于被保险人。保险事故的发生对投保人无利益可言，主观危险的发生并不会因投保人对保险标的无保险利益而特别提高。因此，只要被保险人对保险标的具有保险利益，投保人是否具有保险利益并不致使保险契约流于赌博行为。① 所谓投保人对保险标的须具有保险利益以防赌博行为的发生，只

---

① 江朝国．保险法基础理论［M］．北京：中国政法大学出版社，2002：114．

限于投保人与被保险人为同一人的情形。① 财产保险事故发生时，遭受损害的人即为被保险人。只要被保险人对于某标的（物）具有保险利益，则其保险的标的即为此保险利益，投保人是否具有保险利益并不致使保险契约与赌博行为混同。②

不利于交易的形成。设立投保人是为了促进保险交易。③ 投保人与被保险人不是同一人时，没有必要限制投保人对保险标的具有保险利益。因若严加限制，则基于无因管理而订立保险契约（例如甲未受委任，而以自己的名义，就他人之所有物，以他人为被保险人，使之享有赔偿请求权，而订立保险契约）就不可能了。如此不但有碍交易之敏活，且阻挠人类之互助。④ 若坚持投保人对保险标的具有保险利益，并无任何法律上或经济上的实益。⑤

2. 人身保险中投保人无须具备保险利益。

不会引起道德风险。在人身保险中，"保险赔偿请求权归属于被保险人，并非由投保人指定受益人所致，乃是基于保险之内容在于补偿真正受损害人之结果。"⑥ 投保人与被保险人不是同一人时，保险合同的利益归属于被保险人，而投保人除多付保险费义务外，并无任何权利可言。⑦ 第三人以自己为投保人而非被保险人所签订的保险合同，保险事故发生后，投保人既非当然的受益人，所以无须对被保险人具有保险利益。"要保人若不自兼被保险人时，从无保险利益，亦无多大影响。所以，在他国学者之著述中，论及保险利益时，均谓被保险须具有之，对于要保人须具有保险利益一点，反未提及。"⑧ 目前，我国台湾地区的

---

① 江朝国. 保险法基础理论 ［M］. 北京：中国政法大学出版社，2002：126.
② 江朝国. 保险法基础理论 ［M］. 北京：中国政法大学出版社，2002：114.
③ 本书第五章。
④ 郑玉波. 保险法论：修订第九版 ［M］. 刘宗荣，修订. 台北：三民书局，2013：53.
⑤ 叶启洲. 保险法实例研习 ［M］. 台北：元照出版公司，2013：82.
⑥ 江朝国. 保险法基础理论 ［M］. 北京：中国政法大学出版社，2002：125.
⑦ 江朝国. 保险法基础理论 ［M］. 北京：中国政法大学出版社，2002：128.
⑧ 郑玉波. 保险法论：修订第九版 ［M］. 刘宗荣，修订. 台北：三民书局，2013：53.

"保险法"第 16 条规定，投保人对被保险人具有保险利益的规定，其意义何在殊不理解。①

可能是立法借鉴之误读。立法实践中，规定人身保险的投保人对被保险人需要具备一定的保险利益，仅见于我国的《保险法》与我国台湾地区的"保险法"中。其规定投保人对被保险人需要具备保险利益，欧陆国家少见此种情形。我国台湾地区的"保险法"受英美法的影响，规定了投保人需要对被保险人具有一定的利益。② 人寿保险的保单持有人须对被保险人的生命具有保险利益，这一原则自英国 1774 年《人寿保险法案》颁布时便已经存在。③ 英美保险法规定保单持有人需要对被保险人具备保险利益，而保单持有人并非等同于投保人，更多的是指受益人。所以，投保人对被保险人须具备保险利益可能是立法借鉴时的误读。

（三）　保险利益要求被保险人对保险标的具有所有者关系

在本书第二章中，笔者指出保险标的是保险合同交易的对象即风险。保险利益本质是要求被保险人应当是保险标的即风险的所有者，正如买卖合同要求卖方必须对财产具有所有权一样。

（四）　非死亡保险不应当设立受益人

在本书第三章中，笔者指出死亡保险的受益人是真正的被保险人，非死亡保险的受益人是利益第三人。实践中，对于非死亡保险是否可以设立直接享有保险金请求权的受益人存在较大争议。笔者认为非死亡保险不应当设立直接享有保险金请求权的受益人，有以下三个理由。

---

① 江朝国. 保险法基础理论［M］. 北京：中国政法大学出版社，2002：70.
② 叶启洲. 保险法实例研习［M］. 台北：元照出版公司，2013：391.
③ 肯尼斯·S. 亚伯拉罕. 美国保险法原理与实务［M］. 韩长印，等，译. 北京：中国政法大学出版社，2012：294.

1. 被保险人不一定是保险合同当事人。利益第三人即不是合同当事人但享有合同权利的人，其合同权利来源于合同当事人。在非死亡保险中，当投保人与被保险人不是同一人时，投保人与保险人是合同当事人，被保险人不是合同当事人。投保人本身并没有保险金请求权，如果约定受益人享有保险金请求权，受益人权利的来源成了一个问题。

2. 非死亡保险设立受益人规避了保险利益原则。保险利益原则的目的是减少道德风险，让真正受到风险保障的人直接享有保险金请求权，让没有风险保障的人不能直接享有保险金请求权。如果非死亡保险可以设立享有直接请求权的受益人，当投保人与被保险人不是同一人时，为了获得保险金，投保人与受益人很可能联合制造保险事故，加大了道德风险。

3. 可以通过债权转让实现非死亡保险受益人的目的。非死亡保险设立受益人的目的是被保险人转让其保险金请求权与第三者。被保险人可以与第三者签订债权转让协议，并通知保险人，即可实现转让其保险金请求权的目的。

六、立法建议

1. 建议将我国《保险法》第十二条"人身保险的投保人在保险合同订立时，对被保险人应当具有保险利益。财产保险的被保险人在保险事故发生时，对保险标的应当具有保险利益。人身保险是以人的寿命和身体为保险标的的保险。财产保险是以财产及其有关利益为保险标的的保险。被保险人是指其财产或者人身受保险合同保障，享有保险金请求权的人。投保人可以为被保险人。保险利益是指投保人或者被保险人对保险标的具有的法律上承认的利益"修改为"人身保险的被保险人在保险合同订立时，对保险标的应当具有保险利益。财产保险的被保险人在保险事故发生时，对保险标的应当具有保险利益。人身保险是以人的寿命和身体所致损失的风险为保险标的的保险。财产保险是以财产损失的风险为保险标的的保险。被保险人是指其风险受保险合同保障，享有保险金请求权的人。投保人可以为被保险人。保险利益是指被保险人对保险标的具有所有者关系"。

2. 建议将我国《保险法》第三十一条"投保人对下列人员具有保险利益：（一）本人；（二）配偶、子女、父母；（三）前项以外与投保人有抚养、赡养或者扶养关系的家庭其他成员、近亲属；（四）与投保人有劳动关系的劳动者。除前款规定外，被保险人同意投保人为其订立合同的，视为投保人对被保险人具有保险利益"修改为"订立合同时，被保险人对保险标的不具有保险利益的，合同无效"。

第五章　为什么设立投保人

一、问题的提出

（一）　如实告知义务主体之争

对于如实告知义务的主体，立法体例大致分为两类。一类是投保人告知主义。2008 年德国《保险合同法》第 19 条规定了投保人的如实告知义务。《俄罗斯联邦民法典》第 944 条规定，如实告知义务的主体为投保人。我国 2009 年《保险法》第十六条第一款规定，如实告知义务的主体为投保人。我国台湾地区"保险法"与瑞士《保险法》同样规定了投保人为如实告知义务的主体。另一类是投保人与被保险人联合告知主义。2005 年法国《保险合同法》第 L113 - 2 条第 2 款规定了投保人与被保险人应如实回答保险人提出的询问。日本 2008 年《保险法》第 28 条规定投保人或被保险人因故意或重大过失没有如实告知，保险人可以解除保险合同。韩国《商法典》第 651 条规定，投保人和被保险人承担如实告知义务。

（二）　通知义务主体之争

通知义务包括危险增加通知、危险事故发生后的通知等。如危险增加通知，德国《保险合同法》规定的是被保险人，意大利《民法典》和我国澳门地区《商法典》规定的是投保人，我国台湾地区"保险法"规定的是投保人或被保险人。①

（三）　提供保险事故相关材料主体之争

我国《保险法》第二十二条规定："保险事故发生后，按照保险合同请求保险人赔偿或者给付保险金时，投保人、被保险人或者受益人应当向保险人提供其所能提供的与确认保险事故的性质、原因、损失程度等有关的证明和资料。"投保人如果与被保险人不同一，投保人又不掌握相关材料的情况下，投保人还有义务提供保险事故的相关材料吗？如果投保人没有提供材料，被保险人或受益人也没有提供，法律后果如何？

（四）　维护保险标的物安全义务主体之争

我国《保险法》第五十一条第一款规定："被保险人应当遵守国家有关消防、安全、生产操作、劳动保护等方面的规定，维护保险标的的安全。"我国《保险法》第五十一条第三款规定："投保人、被保险人未按照约定履行其对保险标的的安全应尽责任的，保险人有权要求增加保险费或者解除合同。"第一款与第三款明显矛盾。

---

① 汪华亮. 保险合同信息提供义务研究［M］. 北京：中国政法大学出版社，2011：258.

二、投保人不同于代理人

投保人是指与保险人订立保险合同，并按照合同约定负有支付保险费义务的人。投保人不同于代理人，主要有以下四个方面。

1. 名义不同。投保人是以自己的名义订立保险合同；代理人是以被代理人（本人）的名义从事法律行为。代理是指代理人于代理权限内，以本人（被代理人）名义向第三人所为的意思表示或由第三人受意思表示，而对本人直接发生效力的行为。[①] 德国《保险合同法》规定，与保险人订立契约的要保人得以其名义为第三人的利益，以指明被保险人姓名或不指明被保险人姓名的方式订立保险契约。保险契约若为他人的利益而订立，即令已经指明第三人的姓名，如有疑义时，订立契约的人推定不是以代理人而是以自己的名义为第三人利益订立契约。[②]

2. 范围不同。投保人仅限于订立保险合同，而代理人代理的范围包括所有的法律行为。"得为代理者，限于法律行为（意思表示）。对于准法律行为，代理的规定得为类推适用。侵权行为及事实行为均非代理的客体。"[③]

3. 条件不同。投保人与被保险人不需要任何法律关系，代理人与被代理人一般存在一定的法律关系，包括委托、劳动等。投保人订立保险合同时不需要授权书，代理人订立保险合同时必须有授权书。我国台湾地区"保险合同法"第 45 条规定，要保人得不经委任，为他人的利益订立保险契约。韩国《商法典》第 639 条规定，投保人可以经他人

[①] 王泽鉴. 民法总则 [M]. 北京：中国政法大学出版社，2001：449.

[②] 刘宗荣. 新保险法：保险契约法的理论与实务 [M]. 北京：中国人民大学出版社，2009：278.

[③] 王泽鉴. 债法原理 [M]. 北京：北京大学出版社，2009：216.

委托或不经他人委托，为特定的或不特定的他人签订保险合同。但在财产保险合同中，若未经他人委托，投保人应将该事实告知保险人，未告知的，不得以他人不知已签订保险合同的事实为由对抗保险人。在财产保险合同中，投保人已向该他人赔偿因保险事故造成的损失时，投保人可在不损害他人权利的范围内，请求保险人支付保险金。

4. 效果不同。投保人订立保险合同，并有义务支付保险费。代理人制度中，代理人以被代理人的名义行使法律行为，一切效果由被代理人承担。

三、投保人产生的原因

英国 1906 年的《海上保险法》是对此前英国普通法的完整总结，被世界各国视为海上保险法的范本。① 在该法典中，保险合同的主体仅有双方当事人即被保险人与保险人。我国现行《海商法》中海上保险法部分借鉴英国 1906 年《海上保险法》，保险人的相对方只有被保险人，没有投保人。可见，投保人制度不是保险合同产生的初期就有的，而是随着实践的发展而产生的。笔者认为，投保人制度产生的原因是被保险人的特点决定的。

（一）被保险人的不确定性

海上货物交货地点大致包括买方指定的工厂交货（Ex Works）；离岸船边交货（FAS）；离岸船上交货（FOB）；到岸船内交货（Ex Ship）等。根据上述交货地点，货物运输的风险时间段可分为卖方运输至工厂、工厂运输至离岸船边、离岸船边至离岸船上、离岸船上至到岸船内。理论上，从保险利益的角度出发，根据不同的交货地点，买卖双方

---

① 汪鹏南. 海上保险合同法详论 ［M］. 大连：大连海事大学出版社，2011：12.

应该各自购买自己承担风险阶段的保险。如离岸船边交货，卖方购买货物运送至离岸船边前的保险，买方购买离岸船边后的保险。而在实践中，一般由买卖的一方来购买保险，而另一方自然享有风险保障的权利。在此情况下，投保人既为自己投保也为他人投保，被保险人不确定。德国《保险合同法》第43条第1款规定，无论是否载明被保险人的名称，投保人可以用自己的名义为第三人购买保险。

（二） 被保险人的团体性

自20世纪初第一个现代团体保险计划问世以来，团体保险一直发展得很快。团体保险与个人保险相比，最为明显的一个区别是团体保险计划不是为某一个人或某一个家庭提供保险，而是为了许多人提供保险。团体保险的双方当事人是保险公司与团体保单持有人（Group Policyholder）。团体保单持有人是一个人或一个组织，负责决定团体保险的保障类型，与保险公司商定保险条款并购买团体保险。在美国，受团体保险保障的个人称为团体被保险人（Group Insureds）。在加拿大，团体寿险保单承保的个人称为团体寿险被保险人，而团体健康保险保单承保的个人被称为被保险的团体成员。团体保险的核保规则主要是强调团体的特征，而通常不要求单个团体被保险人提供可保证明。在美国与加拿大，所有法律对团体人寿与健康保险都没有提出可保利益的要求。①

（三） 被保险人的扩展性

同时以列举法和描述法指出被保险人条款被称为统括条款。在机动车保险中，这种类型的保障通常是法律强制要求的，以确保驾驶员在财

---

① HARRIET E. JONES, J. D. , FLMI, ACS DANI L. LONG, FLMI, ACS, CLU. 保险原理：人寿、健康和年金：第二版 [M]. 赵凯，FLMI, ACS，译. 北京：中国财政经济出版社，2004：180 – 181.

务问题上不负责任，事故受害人能够得到保障。典型的例子：在车主所购买的责任保险中，被保险人的定义往往是得到指定被保险人同意而使用机动车的人。① 有些当事人在普通分类中被当作被保险人而承保的情况包括家庭成员、家属、受雇人、法律代理人、高级主管及董事，以及与指名被保险人的个人或商业关系而规定在保单上的其他人。

（四） 被保险人的可继承性

1. 被保险人随着保险标的物的转让而变更。意大利《商法典》第 1918 条规定，保险标的物转让的，自转让后的第一个保险费期间届满时起的 10 日内，知道保险契约存在的受让人未以挂号信向保险人作出不替代被保险人在契约中的地位的意思表示，则被保险人的权利、义务转移给受让人。

2. 被保险人随着保险标的物所有权的转让而变更。立陶宛《民法典》第 1011 条规定，保险标的物的所有权从被保险人移转给其他主体开始，保险合同的相关权利与义务也随保险标的物的所有权一同转让给新的权利人。亚美尼亚《民法典》第 1016 条规定，被保险人将保险标的物所有权转让给其他主体时，保险合同的权利义务同时转由受让人承受。我国台湾地区"保险合同法"第 18 条规定，被保险人死亡或保险标的物所有权移转时，保险契约除另有约定外，仍为继承人或受让人的利益而存在。《俄罗斯联邦民法典》第 960 条规定，被保险的财产的权利移转给他人时，该保险合同的权利和义务也移转给对该财产取得权利的人。

3. 被保险人随着保险标的的转让而变更。韩国《商法》第 679 条规定，被保险人转让保险标的的，推定受让人承继保险合同的权利和义

---

① 小罗伯特·H. 杰瑞，道格拉斯·R. 里士满. 美国保险法精解［M］. 李之彦，译. 北京：北京大学出版社，2009：146－147.

务。我国《保险法》第四十九条规定，保险标的转让的，保险标的的受让人承继被保险人的权利和义务。

四、从"代理人"到"投保人"的意义

代理是指代理人在代理权限内，以本人（被代理人）的名义向第三人所为意思表示或由第三人受意思表示，而对本人直接发生效力的行为。[①] 代理人制度的产生来源于生活的需要，是为了让不能亲自进行法律行为的主体通过委托代理人来完成，其方便了交易。

投保人制度的产生来源于保险交易的需要。保险是一种集中管理风险的机制，让真正具有风险的主体享受保障。保险建立在"基金"的基础上，体现"人人为我，我为人人"的精神。没有资金，保险的风险管理功能无法发挥。投保人与被保险人分离，投保人制度解决资金问题，被保险人制度解决风险保障问题。笔者大胆认为，投保人制度是继代理人制度之后，法制史上的又一伟大创举。

投保人与被保险人分离是当前科学技术进步的结果。保险发源于海上。当时，由于通信不发达，保险人对标的物的了解主要依靠被保险人的主动告知，从而产生了"最大诚信原则"。当下，保险人对保险标的的了解可以通过现代科技手段，而不是依靠被保险人的主动告知。无论谁投保，保险人都不在意，只要投保人交费。

投保人制度打破了"谁出钱、谁受益"的原则。在互联网时代，"投保人"成为普遍现象。以前好朋友来北京，一般是自己开车去机场或车站接。现在，通过手机 APP 约车接朋友已成为时尚，既方便了自己，也方便了朋友。埋单的是自己，坐车的是第三人，典型的"出钱人非受益人"。

----

① 王泽鉴. 民法总则［M］. 北京：北京大学出版社，2009：348.

五、结论与建议

（一）结论

1. 设立投保人是为了满足被保险人的需要，促进保险交易的发展。导致前述义务主体之争的一个重要原因在于未将投保人与被保险人分离。现行各国家或地区在保险法中虽然都区分了投保人、被保险人，但实际上要么是将包括了被保险人的投保人作为原则，将投保人与被保险人分开作为例外，如德国；要么是将包括了投保人的被保险人作为原则，将投保人与被保险人分开作为例外，如法国。被保险人与投保人之间的这种关系，在形式逻辑学意义上，属于"相容关系中的交叉关系"，双方只有一部分外延相同或重合，如果把部分重合概念当作完全重合概念来使用，就会出现以偏概全的逻辑毛病。[①] 必须将投保人与被保险人完全分离，要么是投保人，要么是被保险人，要么是投保人和被保险人，不要再出现投保人或被保险人。如同公司中的董事长与总经理，虽然董事长可以兼任总经理，但其身份完全不同，不同的场合行使不同的身份，二者完全独立。

2. 应当简化投保人的义务。投保人的主要义务是支付保险费与告知保险标的情况，危险增加通知、事故发生通知、事故材料提供等义务应当分配给被保险人，因为被保险人是风险保障的对象，其对自身的风险最了解、最敏感。

（二）建议

1. 建议将《保险法》第二十一条"投保人、被保险人或者受益人

[①] 游源芬. 保险立法要有正确的逻辑思维［J］. 中国保险管理干部学院学报，2001（1）：37.

知道保险事故发生后，应当及时通知保险人。故意或者因重大过失未及时通知，致使保险事故的性质、原因、损失程度等难以确定的，保险人对无法确定的部分，不承担赔偿或者给付保险金的责任，但保险人通过其他途径已经及时知道或者应当及时知道保险事故发生的除外"中的"投保人"删除。

2. 建议将《保险法》第二十二条"保险事故发生后，按照保险合同请求保险人赔偿或者给付保险金时，投保人、被保险人或者受益人应当向保险人提供其所能提供的与确认保险事故的性质、原因、损失程度等有关的证明和资料。保险人按照合同的约定，认为有关的证明和资料不完整的，应当及时一次性通知投保人、被保险人或者受益人补充提供"中的"投保人"删除。

3. 建议将《保险法》第五十一条"被保险人应当遵守国家有关消防、安全、生产操作、劳动保护等方面的规定，维护保险标的的安全。保险人可以按照合同约定对保险标的的安全状况进行检查，及时向投保人、被保险人提出消除不安全因素和隐患的书面建议。投保人、被保险人未按照约定履行其对保险标的的安全应尽责任的，保险人有权要求增加保险费或者解除合同。保险人为维护保险标的的安全，经被保险人同意，可以采取安全预防措施"中的"投保人"删除。

第六章　保险合同当事人是谁

一、合同当事人的判断标准

合同是一种法律行为。"所谓债之契约乃以发生债之关系为目的，而由两个以上对立的意思表示所致之法律行为也。"① "广义契约，谓以交换的所为二个以上意思表示之一致为要素之法律行为。"② "契约为法律行为的一种，因当事人互相意思表示一致而成立。"③

法律行为以意思表示为要素。"法律行为者，以意思表示为要素，因意思表示而发生一定私法效果的法律事实。"④

"意思表示，指将企图发生的一定私法上效果的意思，表示于外部的行为。"⑤ 根据时间先后，"此种互相意思表示一致的二个意思表示，其在前者称为要约，其在后者称为承诺。"⑥ 要约是希望和他人订立合

① 郑玉波. 民法债编总论 [M]. 陈荣隆, 修订. 北京：中国政法大学出版社，2004：22.
② 史尚宽. 债法总论 [M]. 北京：中国政法大学出版社，2000：7 - 8.
③ 王泽鉴. 民法总则 [M]. 北京：中国政法大学出版社，2001：335.
④ 王泽鉴. 民法总则 [M]. 北京：中国政法大学出版社，2001：250.
⑤ 王泽鉴. 民法总则 [M]. 北京：中国政法大学出版社，2001：335.
⑥ 王泽鉴. 民法总则 [M]. 北京：中国政法大学出版社，2001：335.

同的意思表示。① 承诺是指受要约人同意要约的意思表示。② 发出要约的人为要约人，作出承诺的人为承诺人。

所以，"合同当事人，是缔结合同的双方或者多方民事主体"，③ 包括要约人与承诺人。

二、投保人、保险人是保险合同当事人

我国《保险法》第十条规定："保险合同是投保人与保险人约定保险权利义务关系的协议。投保人是指与保险人订立保险合同，并按照合同约定负有支付保险费义务的人。保险人是指与投保人订立保险合同，并按照合同约定承担赔偿或者给付保险金责任的保险公司。"日本《保险法》第 2 条第 2 款规定："保险人为保险契约当事人中，承担支付保险给付义务之人。"第 3 款规定："投保人为保险契约当事人中，承担保险费缴纳义务之人。"

三、保险标的人是以死亡为给付条件的保险合同当事人

在本书第三章中，笔者指出以死亡为给付条件的保险受益人为被保险人，通常所说的被保险人实际上是保险标的人。所以以下表述的被保险人实际上为保险标的人。

（一）保险标的人参与合同订立

19 世纪，德国保险法学者普遍认为，基于一方面生命、身体的不

---

① 《中华人民共和国合同法》第十四条。
② 《中华人民共和国合同法》第二十一条。
③ 韩世远. 合同法总论 [M]. 北京：法律出版社，2011：11.

可计算性，另一方面为禁止以他人生命、身体为赌博行为的标的，主张若以他人的生命、身体为保险标的，则无论投保人对此是否具有利益，必须取得该他人的书面同意。① 以他人身体为保险标的人，按规定必须经该他人的书面同意，此规定见于人寿保险及伤害保险，以代替保险利益于财产保险的功能，防止主观危险事故的发生。② 在多数情况下，如果被保险人同意保险人签发以自己生命风险为标的的保单，他的生命安全便多了一层保护，同意权可以减少被保险人被谋杀的风险。③

德国、日本、韩国及我国台湾均规定了以死亡为给付条件的人身保险，必须经被保险人同意，否则无效。④ 美国近50%的州的法律明文规定，以他人生命投保的保险，事前必须征得被保险人的同意，只有涉及配偶关系或者父母为未成年子女购买保险的除外。⑤ 可见，在以死亡为给付条件的人身保险中，被保险人参与合同的订立，没有被保险人的同意，保险合同无法成立。

（二）　保险标的人具有合同解除或撤销权

日本《保险法》第58条规定，死亡保险契约的被保险人为该死亡

---

① 江朝国. 保险法基础理论［M］. 北京：中国政法大学出版社，2002：54.

② 江朝国. 保险法基础理论［M］. 北京：中国政法大学出版社，2002：38.

③ 小罗伯特·H. 杰瑞，道格拉斯·R. 里士满. 美国保险法精解［M］. 李之彦，译. 北京：北京大学出版社，2009：142.

④ 我国台湾地区"保险法"第105条规定，由第三人订立之死亡保险契约，未经被保险人书面同意，并约定保险金额，其契约无效。日本《保险法》第38条规定，以生命保险契约当事人以外之人为被保险人的死亡保险契约，未经被保险人同意不发生效力。德国《保险合同法》第150条规定，以他人的死亡为保险事故订立保险合同并且约定的赔偿金额超过普通丧葬费用的，须经他人书面同意后保险合同才能生效。在公司养老保险计划的团体人寿保险中，上述规定不予适用。如果他人为无行为能力或限制行为能力人或有监护人的，即使投保人是其代理人，也不能代其作出书面同意。如果父母为其未成年子女订立保险合同，并且根据保险合同约定在子女年满7岁之前死亡时保险人依旧要承担保险责任或者约定保险人的赔偿责任超过普通丧葬费用最高限额的，须经未成年子女同意。韩国《商法典》第731条规定，以他人死亡作为保险事故的保险合同，须事先得到该他人即被保险人的书面同意。

⑤ 小罗伯特·H. 杰瑞，道格拉斯·R. 里士满. 美国保险法精解［M］. 李之彦，译. 北京：北京大学出版社，2009：142.

保险契约当事人之外的，当发生如下情况时，该被保险人可以请求投保人解除该死亡保险契约：一是投保人或保险金受领人为使保险人支付保险给付而故意使或欲使被保险人死亡的；二是有损被保险人对投保人或保险金受领人的信赖，具有使该生命难以存续的重大事由的；三是由于投保人与被保险人之间的亲属关系终了等其他原因，被保险人同意订立合同的基础发生了显著变化。我国台湾地区"保险法"第 105 条规定，被保险人可以随时撤销死亡保险中的同意权，其撤销方式应以书面通知保险人及投保人。被保险人行使撤销权视为投保人终止保险契约。美国大部分州的现行法律都规定寿险保单与年金保单都有冷静期，签发之日起 10 天内，被保险人都可以撤销保险合同。[①]

（三） 保险标的人具有对受益人的否决权

在美国，人寿保险发展的初期，受益人一经指定不得撤回。时至今日，在被保险人死亡之前，保单所有人可以明示保留变更受益人的权利已经成为通例。另一种通常的选择是，在保单中指定次顺位受益人或第二顺序受益人。[②] 在所有人保留变更受益人权利的保单项下，指定受益人在被保险人生存期间只有非常小的权益，一般认为仅仅是一种期待。保单所有人保留的变更权终于其死亡，并且此权利不能转移给遗嘱执行人或受让人。[③] 在日本，死亡保险契约变更受益人必须经被保险人同意，否则不发生效力。[④] 在我国，被保险人可以单独变更受益人，也可以与投保人共同变更受益人。但投保人不得单独变更受益人。[⑤]

---

① 小罗伯特·H. 杰瑞，道格拉斯·R. 里士满. 美国保险法精解 [M]. 李之彦，译. 北京：北京大学出版社，2009：187.
② 约翰·F. 道宾. 美国保险法 [M]. 梁鹏，译. 北京：法律出版社，2008：149.
③ 约翰·F. 道宾. 美国保险法 [M]. 梁鹏，译. 北京：法律出版社，2008：150.
④ 日本《保险法》第 45 条。
⑤ 《中华人民共和国保险法》第四十一条。

（四） 保险标的人具有对保险合同的复效权

在美国，人身保险通常都在保单里规定，保单如果因为欠费而失效，只要满足一定条件后，被保险人可要求复效。有些州甚至强制要求保单必须规定复效条款。能够在保单失效一段时间后重新复效，对于被保险人来说是非常有价值的一项权利，特别是当新险种的保险费上涨了许多，或者优厚的给付选项不复再现时。① 在我国台湾地区，人寿保险的保险费到期未交付者，保险人不得以诉讼请求，可以定期催告，除另有约定外，经催告到达后 30 日内仍不交付时，保险契约的效力停止。保险契约停止后，保险人可终止保险契约。在保险人终止前，要保人或其他利害关系人给付保险费，保险契约复效。②

（五） 保险标的人具有保险合同转让的否决权

在日本，死亡保险契约保险给付请求权的转让以及该权利为目的的质权设定（保险事故发生后的行为除外），未经被保险人同意不发生效力。③ 在韩国，将因生命保险合同产生的权利让与被保险人以外的人的，须经被保险人的书面同意。④ 在我国台湾地区，由第三人订立的人寿保险契约，其权利的移转或出质，未经被保险人以书面形式同意的，不生效力。⑤ 在我国，以死亡为给付保险金条件的合同所签发的保险单，未经被保险人书面同意，不得转让或质押。⑥

---

① 小罗伯特·H. 杰瑞，道格拉斯·R. 里士满. 美国保险法精解［M］. 李之彦，译. 北京：北京大学出版社，2009：232。
② 我国台湾地区"保险法"第116条。
③ 日本《保险法》第47条。
④ 韩国《商法典》第731条。
⑤ 我国台湾地区"保险法"第106条。
⑥ 《中华人民共和国保险法》第三十四条。

四、结论与建议

（一）结论

非以死亡为给付条件的保险合同当事人为投保人与保险人；以死亡为给付条件的保险合同当事人为投保人、保险标的人与保险人。

（二）建议

建议将我国《保险法》第三十三条、第三十四条、第四十二条、第四十三条、第四十四条中的"被保险人"修订为"保险标的人"。

第七章 保险合同关系人的法律地位

一、问题的提出

关系人是保险法学特有的概念。保险法学者对其界定大致为：不是投保人与保险人等当事人，但与保险契约有间接利益关系的人[1]，或极为密切关系的人[2][3]，或对于保险合同利益有独立请求权的人[4]，通常是指被保险人与受益人。

何为间接利益？何为极为密切关系？学者们并未给予解释。徐卫东等老师将关系人定义为对于保险合同利益有独立请求权的人。不是合同当事人，但享有独立请求权，其符合利益第三人的特征，为什么称为关系人而不称为利益第三人呢？

---

① 梁宇贤. 保险法新论［M］. 北京：中国人民大学出版社，2004：41.

② 刘宗荣. 新保险法：保险契约的理论与实务［M］. 北京：中国人民大学出版社，2009：63。

③ 韩长印，韩永强. 保险法新论［M］. 北京：中国政法大学出版社，2010：79.

④ 徐卫东，高宇. 保险法学［M］. 北京：科学出版社，2009：63.

二、合同第三人的类型

合同是双方意思表示的行为。合同当事人则是指意思表示的双方。在本书第六章中，笔者指出以死亡为给付条件的保险合同当事人是投保人、保险标的人与保险人，非以死亡为给付条件的保险合同当事人为投保人与保险人。

合同效力仅及于合同当事人，不及于第三人，此即合同相对性原则。"合同相对性原则是由合同的本质特征及合同自由原则决定的，合同债权的相对性与物权的绝对性原理，不仅确立了债权与物权的一项区分标准，而且形成了债权法与物权法的一些重要规则。合同债权的相对性与物权的绝对性，决定了侵权行为法的内容、体系及与合同法的根本区别。否定合同相对性将对民法的内在体系构成威胁。"① 然而在现代合同法中，合同相对性不断受到冲击与突破，合同效力拓展至合同关系以外的其他人，即"通说"的合同第三人。② 从现在各国和地区的合同立法及司法实践看，虽然立法例不同，但关于合同第三人的法律地位几经周折皆得以认可或实践。法国《民法典》虽强调合同的相对性，强调合同效力不及于第三人，但其学说与判决基于该法典第 1120 条及第 1121 条关于由第三人履行及向第三人履行合同的规定，认可向第三人履行合同的存在。德国《民法典》、意大利《民法典》以及《欧洲合同法原则》皆有关于合同第三人的相关规定。相对于大陆法系在法典中规定了合同第三人制度，英美法系国家则是通过一系列判例来肯定合同第三人的权利。在 1677 年达顿诉普尔案（Dutton v. Poole）中，英国法院肯定了第三人作为合同受益人享有起诉权。但此后，本案所确立的

---

① 王利明. 统一合同法制定过程中的若干疑难问题探讨［J］. 政法论坛，1996（4）.
② 吴旭莉. 合同第三人存在情形的实证分析［J］. 厦门大学学报，2012（5）.

规则被推翻过。直至 1999 年的《合同（第三人权利）法》中，英国才最终明确规定了第三人的权利与义务，确定利他合同制度。美国合同受益人的境遇则好得多。1859 年劳伦斯诉福克斯案（Lawrence v. Fox），开创了利他合同制度的先河。1918 年西瓦尔诉兰塞姆案（Seaver v. Ransom），再次肯定了受益人的权利。1932 年，美国法学会在《第一次合同法重述》中特别确立受益人合同，规定了赠与受益人、债权受益人和意外受益人，明确了前两种受益人有权请求缔约人履行合同。此后，美国法学会在《第二次合同法重述》中确立了完整的利他合同制度。①

（一）　利益第三人

利益第三人是利益第三人合同中的第三人。"所谓利益第三人合同，又称为利他合同、第三人取得债权的合同或为第三人利益订立合同，它是指合同当事人约定由一方向合同关系外第三人为给付，该第三人即因之取得直接请求给付权利的合同。"②

在理论上完成对利他合同有性论证的学者是荷兰的自然法学家格劳秀斯。③ 现在，利益第三人合同在英美及大陆法系被得到广泛的承认。④利益第三人合同存在的理由包括意思自治、保护期待利益及节约交易成本。有学者认为，受益第三人的权利还基于这样一个事实，即允许由受益人享有这种权利，尽可能少地在采用诉讼的方式下，实现受约人的意向和满足受约人的希望。⑤

利益第三人合同有以下两个特征：第一，此种合同以向第三人给付

---

①　吴旭莉. 合同第三人存在情形的实证分析［J］. 厦门大学学报，2012（5）.

②　王利明. 合同法研究：第一卷［M］. 北京：中国人民大学出版社，2002：123.

③　薛军. 利他合同的基本理论问题［J］. 法学研究，2006（4）.

④　叶金强. 第三人利益合同研究［J］. 比较法研究，2001（4）.

⑤　科宾. 科宾论合同：下册［M］. 王卫国，等，译. 北京：中国大百科全书出版社，1998：183.

为中心，债务人对第三人负有给付义务；第二，第三人债权的形成，此等合同为第三人设定权利，第三人因合同当事人的约定享有直接请求权。① 第三人的权利包括给付受领权、给付请求权、债权保护请求权。具体言之，第三人利益合同的核心内容是债务人按照合同约定向第三人履行义务，在债务人履行后，第三人有权接受并且保持给付是第三人实现利益的本质所在，所以第三人首先应享有给付受领权。同时由于第三人的利益必须通过债务人的履行才能实现，为简化程序，第三人应有权直接向债务人请求履行以及在债务人不履行或履行不符合约定时向债务人主张违约责任。②

（二） 向他人履行之他人

向第三人履行的合同，是指双方当事人约定，由债务人向第三人履行债务的合同。在合同的履行中，债务人不向债权人履行，而是向第三人履行，就构成向第三人履行。当事人之间存在向第三人履行的约定，基于这一约定，债务人必须向第三人履行。需要注意的是，在这种情况下，债务人在选择履行对象上虽然受到约束，但这是基于债务人与债权人之间的法律关系而受到的约束，因此与"债务人向第三人履行的义务"相对应的权利是"债权人可以请求其向第三人履行"，而不是"第三人可以直接请求债务人履行"，即债务人有义务向第三人履行，并不等于第三人有权请求债务人履行。③ 我国《合同法》第六十四条规定："当事人约定由债务人向第三人履行债务的，债务人未向第三人履行债务或者履行债务不符合约定，应当向债权人承担违约责任。"

早在罗马法时代，理论上就开始讨论"向第三人履行的约定"

① 吴旭莉. 合同第三人存在情形的实证分析［J］. 厦门大学学报，2012（5）.
② 何平. 合同法应当确立为第三人利益合同制度［J］. 湖北社会科学，2011（12）.
③ 薛军. 不真正利他合同研究［J］. 政治与法律，2008（5）.

（Stipulatio Alteri）究竟能够具有何种法律效力。由于罗马法中存在"不得为他人缔约"（Alteri Stipulari Nemo Potest）的规则，所以罗马法在原则上不承认"向第三人履行的约定"的效力。但从罗马古典法时期开始，法学理论开始区分这一约定的对内和对外两个不同的层面，并且确立了如下规则：如果债权人对债务人向第三人履行具有自己的利益，那么存在于他们之间的"向第三人履行的约定"，至少具有内部效力，当债务人不向第三人履行的时候，债权人可以基于这一约定起诉债务人。这就是在罗马法系利他合同理论发展史上具有深远影响的"债权人利益"理论。①

向他人履行合同不同于利益第三人合同。首先，第三人权利的独立性不同。第三人代为接受履行时，第三人是债权人的辅助人，第三人不享有独立的请求权，债务人对第三人并未负担债务。而第三人利益合同的第三人享有独立的请求权，可直接请求债务人履行债务。其次，第三人拒绝受领的后果不同。第三人代接受履行的实质是履行方式的改变，第三人只是债权履行的辅助人，代为接受履行。一旦第三人拒绝受领，债务人的履行义务不能消灭，尚应向债权人履行。第三人利益合同成立的要素中包含了第三人接受债务人对其的履行，第三人表示接受权利后，但在受领标的物时却拒绝的，则产生债权人拒绝受领的后果，债务人得依提存方式结束债权、债务关系。最后，在第三人代债权人接受履行的情况下，债务人对第三人并不负担义务，一旦债务人违约，第三人无法请求债务人承担继续履行、赔偿损失或支付违约金等违约责任，债务人此等违约责任应向债权人负担。而第三人利益合同中的债务人一旦违约，应对第三人承担违约责任。②

---

① 薛军. 不真正利他合同研究［J］. 政治与法律，2008（5）.
② 吴旭莉. 合同第三人存在情形的实证分析［J］. 厦门大学学报，2012（5）.

（三） 由他人履行之他人

由第三人履行的合同，又称为第三人代为履行的合同，是指经合同当事人约定，由第三人代替债务人履行义务，第三人因为履行债务而成为当事人的合同。我国《合同法》第六十五条规定："当事人约定由第三人向债权人履行债务的，第三人不履行债务或者履行债务不符合约定，债务人应当向债权人承担违约责任。"

由第三人履行的合同具有如下特点[①]：首先，债权人与债务人的约定是第三人履行义务产生的根源。人们选择合同相对方作为交易伙伴，往往相信其有履行能力或有某种技能，因而合同通常应亲自履行。但合同当事人经过考量，也可约定由第三人替代完成债务的履行，只要债权人与债务人达成由第三人履行的合意，第三人知悉此等合意后，明确表示同意的，其履行即等同于债务人之履行。其次，合同债务的性质应当是可由他人履行的债务。可由第三人履行的债务通常限于金钱债务，如雇佣合同、委托合同等此类合同，根据债务的性质要求，应当由债务人亲自履行，而不能由第三人替代履行。但此规定并非绝对，若债权人得知将由第三人履行后明确表示同意的，也可由第三人履行。最后，第三人履行并未发生债的转让。我国《合同法》第六十五条强调了第三人替代履行与债务承担的区别。从表面上看，第三人代为履行与债务承担都由第三人履行债务，但两者有显著不同。债务承担无论是全部移转或部分移转，均是债务主体发生了变更，债务全部转让时，原债务人脱离了债的关系，第三人成了债的当事人；债的部分转让，则债务关系又多了一个义务主体，第三人不履行债务或履行债务不符合约定时，债权人直接向债务承担人（第三人）请求承担债务不履行责任。第三人代为履行，第三人只是替代债务人履行债务，并没有成为合同主体，第三

---

① 吴旭莉. 合同第三人存在情形的实证分析［J］. 厦门大学学报，2012（5）.

人不履行或履行有瑕疵的，应由债务人承担违约责任。

（四）合同标的人

合同标的是指合同交易的对象。买卖合同交易的对象是财产的所有权，买卖的合同标的为所有权。保险合同交易的对象为风险，所以保险合同标的是风险。有合同标的就有合同标的的载体。合同标的的载体包括标的物或标的人。买卖合同标的的载体为物，买卖合同存在保险标的物。

货运合同标的的载体是合同标的物，客运合同标的的载体则是合同标的人。提供服务类的合同，如委托合同、技术开发合同标的的载体均是合同标的人。合同标的人往往是服务类合同中的关键内容。如聘请会计师事务所做财务报告审计，合同谈判的重点之一是审计团队的人员结构，这些审计人员则是审计合同的合同标的人。

三、保险合同关系人所指的对象

保险合同关系人是指被保险人与受益人。关于这一点，保险法学者的意见基本一致。[①]在本书第三章中，笔者指出以死亡为给付条件的保险合同中的受益人实际上为被保险人，非以死亡为给付条件的保险合同中的受益人本质上是利益第三人。所以，保险合同的关系人是指被保险人。

（一）财产损失保险的主体

缔约并交纳保险费的人是投保人，保险标的物损失风险的所有者是被保险人（见表7－1）。

① 保险法教科书中均是如此描述。

表 7 – 1 财产损失保险的主体和特征

主体	特征
投保人	缔约并交纳保险费的人
被保险人	承担保险标的物损失风险的人

（二） 责任保险的主体

缔约并交纳保险费的人是投保人，责任人是保险标的人，强制责任保险受害的第三人为被保险人，任意责任保险的责任人是被保险人。

1. 强制责任保险（见表 7 – 2）。

表 7 – 2 强制责任保险的主体和特征

主体	特征
投保人	缔约并交纳保险费的人
保险标的人	侵权或违约的责任人
被保险人	侵权或违约的受害第三人

2. 任意责任保险（见表 7 – 3）。

表 7 – 3 任意责任保险的主体和特征

主体	特征
投保人	缔约并交纳保险费的人
保险标的人	侵权或违约的责任人
被保险人	侵权或违约的责任人

（三） 信用保险的主体

缔约并交纳保险费的人是投保人，债权人为被保险人，债务人为保险标的人（见表 7 – 4）。

表 7 – 4 信用保险的主体和特征

主体	特征
投保人	缔约并交纳保险费的非债务人
保险标的人	债务人
被保险人	债权人

（四） 保证保险的主体

债务人既为投保人也为保险标的人，债权人为被保险人（见表7-5）。

表7-5　　　　　　　　　保证保险的主体和特征

主体	特征
投保人	缔约并交纳保险费的债务人
保险标的人	债务人
被保险人	债权人

（五） 人身保险的主体

1. 以死亡为给付条件的人身保险。

缔约并交纳保险费的人为投保人，被保险的生命为保险标的人，风险受到保障的第三人为被保险人（见表7-6）。

表7-6　　　　　　以死亡为给付条件的人身保险的主体和特征

主体	特征
投保人	缔约并交纳保险费的人
保险标的人	被保险的生命所属的人
被保险人	风险受到保障的第三人

2. 非以死亡为给付条件的人身保险。

缔约并交纳保险费的人为投保人，被保险的身体既为保险标的人也为被保险人（见表7-7）。

表7-7　　　　　　非以死亡为给付条件的人身保险的主体和特征

主体	特征
投保人	缔约并交纳保险费的人
保险标的人	被保险的身体所属的人
被保险人	被保险的身体所属的人

四、保险合同关系人的法律地位

（一）不同于当事人

合同当事人参与合同缔结，享有合同变更、解除等权利。保险合同的被保险人不参与合同的缔结，不享有合同变更、解除等权利。

（二）不同于利益第三人

保险合同的被保险人是保险合同不可或缺的主体，而利益第三人不是合同的必要主体。保险合同的被保险人的保险金请求权来源于自己，而利益第三人的权利来源于合同当事人一方的转让。被保险人既拥有权利，也必须履行义务，如风险增加通知的义务、保险事故发生后通知的义务、救助义务与协助提供事故材料的义务等。利益第三人只享有权利，没有义务。

（三）不同于由他人履行的他人及向他人履行的他人

保险合同的被保险人是保险合同不可或缺的主体，由他人履行的他人与向他人履行的他人不是合同必备的要素。保险合同的被保险人既享有保险金请求权也必须履行相应的义务，由他人履行的他人及向他人履行的他人既不享有合同的权利，也无相关法定义务。

（四）不同于合同标的人

保险合同中的被保险人是保险合同不可或缺的主体，合同标的人则不是合同必备的要素。保险合同中的被保险人不是合同的当事人，而合同标的人可能成为合同当事人，如以死亡为给付条件的保险中的保险标的人。保险合同中的被保险人既直接享有保险金请求权，也必须履行相应的义务。除合同标的人为当事人外，其他情况下，标的人既不享有合同权利也不承担相应义务。如财务报告审计合同，一方当事人为会计师事务所，另一方当事人为受审计的企业，委托合同中约定的会计人员为标的人，他们在审计委托合同中不享有合同权利。他们的劳务报酬等权利由标的人与会计师事务所的劳动关系来规范。

五、结论

笔者认为，保险合同关系人是界于当事人与利益第三人之间的一种特殊身份的主体，他具有以下 4 个特征：一是保险合同关系人不参与保险合同的缔结，所以不是合同当事人。二是保险合同关系人是保险合同的必备要素，否则保险合同无法成立。三是保险合同关系人既享有独立的保险金请求权，也承担相应的义务。四是保险合同关系人的权利与义务来源于自己，而非来源于合同当事人。

第八章　保险人相对方故意制造保险事故的法律后果

一、问题的提出

我国《保险法》第二十七条第二款规定："投保人、被保险人故意制造保险事故的，保险人有权解除合同，不承担赔偿或者给付保险金的责任；除本法第四十三条规定外，不退还保险费。"

我国《保险法》第四十三条规定："投保人故意造成被保险人死亡、伤残或者疾病的，保险人不承担给付保险金的责任。投保人已交足二年以上保险费的，保险人应当按照合同约定向其他权利人退还保险单的现金价值。受益人故意造成被保险人死亡、伤残、疾病的，或者故意杀害被保险人未遂的，该受益人丧失受益权。"

我国《保险法》第四十四条规定："以被保险人死亡为给付保险金条件的合同，自合同成立或者合同效力恢复之日起二年内，被保险人自杀的，保险人不承担给付保险金的责任，但被保险人自杀时为无民事行为能力人的除外。保险人依照前款规定不承担给付保险金责任的，应当按照合同约定退还保险单的现金价值。"

为什么投保人、被保险人故意制造保险事故，保险人不承保赔偿责任，而受益人故意制造保险事故，该受益人丧失受益权，保险人需要承担赔偿责任吗？

二、保险人相对方的当事人故意制造保险事故的法律后果

（一）债的义务类型

债的关系的核心在于给付，除给付义务外，债的关系还有附随义务与不真正义务。[①]

1. 给付义务。

给付义务是指债的关系上特定人间得请求的特定行为，不作为亦得为给付。给付义务可分为主给付义务与从给付义务。主给付义务，是指债的关系上固有、必备，并用以决定债的关系类型的基本义务。因可归责于债务人的事由，致给付不能、给付迟延或不完全给付时，债权人有权请求赔偿损害或解除契约。从给付义务具有补助主给付义务的功能，不在于决定债的关系类型，而在于确保债权人的利益能够获得最大的满足。违反从给付义务的后果，应视其对债的目的的达成是否必要而定。如果对债的实现非常重要，一方违反从给付义务后，另一方有权解除合同。[②]

2. 附随义务。

附随义务是指在债的关系上依据诚实信用原则而产生的义务。如医生不得泄露病人的病情，出卖交付标的物前应妥善保管标的物等。关于如何区别附随义务与从给付义务，德国"通说"认为应以是否享有独

---

① 王泽鉴. 债法原理［M］. 北京：北京大学出版社，2009：26.
② 王泽鉴. 债法原理［M］. 北京：北京大学出版社，2009：27－29.

立诉讼请求权为判断标准。如果有独立的诉讼请求权，则为从给付义务，反之则为附随义务。①

3. 不真正义务。

不真正义务为一种强度较弱的义务，其主要特征在于相对人通常不得请求履行，而其违反并不发生损害赔偿责任，仅使负担此项义务者遭受权利减损或丧失不利益而已。② 不真正义务最重要的特征在于违反的后果并不使相对人发生任何请求权，而仅发生义务人自身的权利减损而已。③

债的义务的特征与违反的后果见表 8 – 1。

表 8 – 1　　　　　　　　　债的义务的特征与违反的后果

类型		特征	违反的后果
给付义务	主给付义务	是指债的关系上特定人间得请求的特定行为，是固有、必备的，并决定债的关系类型的基本义务	损害赔偿或解除合同
	从给付义务	是指债的关系上特定人间得请求的特定行为，补助主给付义务但不决定债之关系类型，有独立诉讼请求权	损害赔偿或解除合同
附随义务		是指债的关系上依据诚实信用原则而产生的义务，无独立诉讼请求权	以损害赔偿为原则，解除合同为例外
不真正义务		强度较弱的义务，相对人通常不得请求履行	失去权利，无损害赔偿或合同解除权

（二）保险人相对方的义务类型

1. 主给付义务。

保险费的交付属于主给付义务。保费的交付决定保险合同的类型。

---

① 王泽鉴. 债法原理［M］. 北京：北京大学出版社，2009：30 – 31.
② 王泽鉴. 债法原理［M］. 北京：北京大学出版社，2009：36.
③ 叶启洲. 保险法专题研究：一［M］. 台北：元照出版公司，2007：106.

投保人交费义务决定了保险合同是有偿契约。要是投保人不支付首期保险费，也不愿意承诺支付首期保险费，保险人关于损失发生时支付款项的承诺就失去了对价的支持。因此，如果想约束保险人，投保人必须支付首期保险费或者承诺支付首期保险费。① 一般情况下，投保人如果在损失发生前未能支付保险费，他就无权要求保险人进行赔付。这几乎是公认的原则了。②

2. 从给付义务。

投保人的告知义务属于从给付义务。我国《保险法》第十六条规定："订立保险合同，保险人就保险标的或者被保险人的有关情况提出询问的，投保人应当如实告知。投保人故意或者因重大过失未履行前款规定的如实告知义务，足以影响保险人决定是否同意承保或者提高保险费率的，保险人有权解除合同。"

3. 附随义务。

我国《保险法》第五十一条规定："被保险人应当遵守国家有关消防、安全、生产操作、劳动保护等方面的规定，维护保险标的的安全。保险人可以按照合同约定对保险标的的安全状况进行检查，及时向投保人、被保险人提出消除不安全因素和隐患的书面建议。投保人、被保险人未按照约定履行其对保险标的的安全应尽责任的，保险人有权要求增加保险费或者解除合同。保险人为维护保险标的的安全，经被保险人同意，可以采取安全预防措施。"

4. 不真正义务。

保险法中关于危险增加与危险发生的通知义务即不真正义务。③ 大

---

① 小罗伯特·H. 杰瑞，道格拉斯·R. 里士满. 美国保险法精解 ［M］. 李之彦，译. 北京：北京大学出版社，2009：259.

② 小罗伯特·H. 杰瑞，道格拉斯·R. 里士满. 美国保险法精解 ［M］. 李之彦，译. 北京：北京大学出版社，2009：261.

③ 王泽鉴. 债法原理 ［M］. 北京：北京大学出版社，2009：36.

多数德国学者认为，通知义务属于不真正义务。其性质上欠缺强制履行性，其违反不发生损害赔偿责任，仅要保人或被保险人自身的权利遭受减损而已。① 我国《保险法》第四十九条规定，保险标的转让的，被保险人或者受让人应当及时通知保险人，但货物运输保险合同和另有约定的合同除外。我国《保险法》第二十一条规定，投保人、被保险人或者受益人知道保险事故发生后，应当及时通知保险人。故意或者因重大过失未及时通知，致使保险事故的性质、原因、损失程度等难以确定的，保险人对无法确定的部分，不承担赔偿或者给付保险金的责任，但保险人通过其他途径已经及时知道或者应当及时知道保险事故发生的除外。我国《保险法》第二十二条规定，保险事故发生后，按照保险合同请求保险人赔偿或者给付保险金时，投保人、被保险人或者受益人应当向保险人提供其所能提供的与确认保险事故的性质、原因、损失程度等有关的证明和资料。

（三） 保险人相对方的当事人故意制造保险事故违反附随义务

在本书第六章中笔者指出，以死亡为给付条件的保险的当事人为投保人、保险标的人与保险人，非以死亡为给付条件的保险的当事人为投保人与保险人。所以，保险人相对方的当事人是指非死亡保险的投保人以及死亡保险的投保人与保险标的的人。

非死亡保险的投保人、死亡保险的投保人与保险标的的人是保险合同的当事人。作为保险合同的当事人，维护保险标的的安全是其附随义务。附随义务的功能主要分为两类：一是促进实现主给付义务，使债权的给付利益获得最大可能的满足；二是维持他方当事人人身或财产上的利益，即保护功能。附随义务的保护功能，实质上相当于侵权行为法上

---

① 叶启洲. 保险法专题研究：一［M］. 台北：元照出版公司，2007：92.

的社会安全义务。① 附随义务没有独立的诉讼请求权，即当事人一方违反附随义务，另一方没有权利向法院请求对违约方强制履行的义务。违反附随义务，给对方当事人造成损害的，应当承担损害赔偿责任。

1. 投保人故意制造保险事故。

投保人故意制造保险事故，其存在两种法律后果。一种是绝对免责，例如我国《保险法》第四十三条第一款的规定，以及我国台湾地区"保险法"第121条第1款的规定。另一种是不得免责。虽然投保人故意致被保险人死亡属非法行为，应受到法律制裁，但对被保险人而言，仍然是保险合同保障范围之内的保险事件，属于纯粹意外事件，在保险合同保障范围内；保险制度主要保障被保险人，所以投保人故意致被保险人的生命死亡，当受惩罚者应为该不法投保人，而并非被保险人，所以保险人拒赔将会影响其他保险主体的利益。英美保险法判例上多采用此种主张。②

2. 死亡保险的保险标的人故意制造保险事故。

我国《保险法》第四十四条规定，如果保险标的人二年内自杀的，保险人不承担给付保险金的责任。二年后自杀的，则需要承担给付保险金的责任。

三、保险人相对方的关系人故意制造保险事故的法律后果

（一） 保险合同保障的风险

1. 不确定性。保险制度所承保的危险，为发生与否或发生时期不确定的事故所造成的损害。若保险契约双方当事人在订立保险契约时危

---

① 王泽鉴. 债法原理 [M]. 北京：北京大学出版社，2009：32.
② 张翼. 关于投保人故意杀害被保险人之法律条款的思考 [J]. 铜陵学院学报，2013（3）.

险已确定发生或不发生，则以该订立保险契约的时点来看，其危险欠缺不确定性，保险契约原则上无效。① 不确定性包括发不发生不确定、什么时间发生不确定、发生后损失大小不确定。

2. 偶发性。保险契约所承保的，为抽象的危险，事故发生后，具体化为损失。事故发生后，就该损失的性质、种类及原因，自不同面向加以检讨是否为契约所承保而已。② 依据保险法原理，保险人所承保的保险事故必须是偶发性的行为所致。保险事故偶发性要求是保险人所承保的只限于"偶发性"损失，不包括"因被保险人故意所致的损失"。③ 保险事故偶发性原则"乃法律规定以及保险的性质所使然，不须在契约上另外约定"。④ 被保险人故意制造保险事故的行为，不但破坏保险契约最大诚信原则的性质，而且有滥用保险之嫌。在保险学上，也认为被保险人故意制造保险事故的行为在技术上无法正确测定概率的大小，作为保险费计算的依据，故并非可保危险。⑤ 保险的基本准则是一个人不能从自己的错误或犯罪中盈利，对于被保险人故意犯罪或侵权行为所引起的损失给予补偿，将使被保险人从犯罪行为或侵权行为中获利。⑥

（二） 保险合同关系人故意制造的保险事故不属于保险承保范围

保险合同关系人是指被保险人。在本书第三章中，笔者指出强制责任险的受害人是被保险人，任意责任险的责任人为被保险人，以死亡为给付条件的人身保险的受益人是被保险人，非以死亡为给付条件的人身

① 叶启洲. 保险法专题研究：一 ［M］. 台北：元照出版公司，2007：21.
② 叶启洲. 保险法专题研究：一 ［M］. 台北：元照出版公司，2007：53 – 54.
③ 樊启荣. 保险法诸问题与新展望 ［M］. 北京：北京大学出版社，2015：339.
④ 刘宗荣. 新保险法：保险契约法的理论与实务 ［M］. 北京：中国人民大学出版社，2009：119.
⑤ 叶启洲. 保险法专题研究：一 ［M］. 台北：元照出版公司，2007：45 – 46.
⑥ 约翰·伯茨. 现代保险法 ［M］. 陈丽洁，译. 郑州：河南人民出版社，1987：162 – 163.

保险的保险标的人是被保险人，信用保证保险的债权人是被保险人，财产损失保险的风险所有者为被保险人。

保险事故发生的原因，是否出于被保险人的故意，所影响的是该行为所致的损害是否属于保险人主观承保范围的问题，而与被保险人是否违反保险契约上的主要义务无关。[①] 被保险人故意制造保险事故，违背了"保险事故为偶发事故"的保险法则。各国保险立法均将被保险人故意制造保险事故的行为列为法定免责事由。[②] 这里所指的被保险人包括强制责任险的受害人与死亡保险的受益人。在死亡保险中，当受益人为多数人时，某个受益人故意制造保险事故，对其他受益人来说，符合偶发性原则，应当得到保险赔偿。该制造事故的受益人不能从自己的犯罪或侵权行为中获利，故法律应当剥夺其保险金请求权。在强制责任险中，受害人即被保险人，其故意制造保险事故，违背了偶发性原则，保险人当然不承担保险责任。当强制保险的责任人故意制造保险事故时，保险人是否应当承担责任？一般理论认为，责任人故意制造保险事故，不符合责任险的承保范围即责任人过失责任导致的风险，保险人也不应当承担保险责任。但从保护受害人的角度考虑，无论责任人的加害行为是故意还是过失，对于受害人来说均属于"意外"，受害人因责任人的过失行为而受损害，受害人尚且可以请求保险给付，则受害人因责任人的故意行为而受损害，受害人更应当可以请求保险给付。[③] 任意责任保险中，责任人为被保险人，当责任人故意制造保险事故，保险人当然免责。

---

① 叶启洲. 保险法专题研究：一［M］. 台北：元照出版公司，2007：51.
② 樊启荣. 保险法诸问题与新展望［M］. 北京：北京大学出版社，2015：346.
③ 刘宗荣. 新保险法：保险契约法的理论与实务［M］. 北京：中国人民大学出版社，2009：119.

四、结论与建议

（一）结论

1. 保险人相对方的当事人即投保人或死亡保险中的保险标的人故意制造保险事故，违反了维护保险标的安全的附随义务，保险人不能当然免责，要视情况而定，具体情况具体分析。

2. 被保险人故意制造保险事故，违背了"保险事故为偶发事故"的保险法则，不属于保险承保范围，保险人当然免责，一律不承担保险金给付责任。被保险人为多人时，部分被保险人故意制造保险事故，对其他被保险人来说，属于外来的事件，具有偶发性，保险人应当赔偿，该被保险人丧失保险金请求权。

（二）立法建议

1. 建议将《保险法》第二十七条中的"投保人"删除。

2. 建议将《保险法》第四十三条中的"被保险人"修改为"保险标的人"，将"受益人"修改为"被保险人"。

3. 建议将第四十四条、第四十五条、第四十六条中的"被保险人"修改为"保险标的人"。

第九章　保险中的不真正连带责任的类型有哪些

多数人的债包括可分的债、不可分的债、连带的债与不真正连带的债。在保险合同中，保险代位求偿权、保险追偿权、第三人侵权导致的人身保险赔偿等属于不真正连带的债。本文拟通过对不真正连带责任的类型分析，厘清保险合同中不真正连带责任的内在逻辑。

一、不真正连带责任的类型

不真正连带责任的概念由德国学者 Eisele 在他 1891 年的论文《共同连带与单纯连带》中首次提出。[①] 不真正连带责任是指多数行为人违反法定义务，对同一受害人实施加害行为，或者不同的行为人基于不同的行为而致使同一受害人的民事权益受到损害，各行为人对产生的同一内容的侵权责任各负全部赔偿责任，并因行为人之一的责任履行而使全体责任人的责任归于消灭，或者依照特别规定多数责任人均应当承担部分或者全部责任的责任形态。不真正连带责任分为典型的不真正连带责

---

① 程金洪. 一个尚未解决的问题：不真正连带责任的存与废 [J]. 广西政法管理干部学院学报，2011 (3).

任、先付责任、补充责任和并合责任。①

（一） 典型的不真正连带责任

典型的不真正连带债务是指多数债务人就基于不同发生原因而偶然产生的同一内容的给付，各负全部履行的义务，并因债务人之一的履行而使全体债务人的债务均归于消灭的债务。它属于广义的请求权竞合的一种，与狭义的请求权竞合不同。狭义的请求权竞合是同一债权人与债务人之间对同一法律后果享有数个请求权。不真正连带责任也是一种请求权的竞合、责任的竞合，但与这种竞合不同。不真正连带责任是指债权人就同一给付对于数个债务人分别单独地发生请求权，因请求权的满足而使余者归于消灭。不真正连带债务不履行的后果就是不真正连带责任。② 我国《侵权责任法》第四十一条和第四十二条的规定属于典型的不真正连带责任。

1. 对外效力。对外效力是指数个债务人与债权人的关系。一是发生不真正连带责任各个责任人对于受害人都发生全部承担满足其权利请求的效力。受害人即赔偿权利人对于各个责任人都享有请求权，都可以单独向其行使请求权。任何人对于受害人的请求权都有义务承担全部的赔偿责任。二是任何一个责任人承担了自己的责任之后，其他责任人的责任归于消灭。这是因为不真正连带责任的损害赔偿数额是一个竞合的数额，救济的是同一个损害。当一个责任人承担了赔偿责任之后，受害人的损害就已经得到了完全救济，不能够再行使另外的请求权，因此，另外的请求权因为损害已经得到救济而予以消灭。③

2. 对内效力。不真正连带责任的对内效力是指在一个责任人承担

---

① 杨立新. 论不真正连带责任类型体系及规则 [J]. 当代法学，2012 (3).
② 代正伟，胡庆. 从现行法规的视角比较不真正连带责任与补充责任 [J]. 中国成都市委党校学报，2006－04.
③ 杨立新. 论不真正连带责任类型体系及规则 [J]. 当代法学，2012 (3).

了赔偿责任之后，对其他责任人的求偿关系，即是否有权向没有承担责任的最终责任人请求赔偿。不真正连带责任的各个责任人之间的求偿，学说见解不一①：一种主张认为求偿关系基于让与请求权，让与请求权是指履行了债务的债务人可以请求债权人让与其对最终责任人的请求权；另一种主张认为求偿关系基于赔偿代位，赔偿代位是指法律直接规定履行了债务的债务人当然地取得债权人对最终责任人的请求权，不需经当事人的意思表示。对于不真正连带债务的债务人如何向终局责任人求偿，各国的立法和判例学说规定的并不一致。德国采取让与请求权的立法体例，而日本等国则采取赔偿代位的立法体例。②

3. 行使规则。典型的不真正连带责任的行使规则：一是数个行为基于不同的原因对同一个受害人负有赔偿责任；二是数个行为人的行为产生各自独立的赔偿责任；三是受害人享有不同的损害赔偿请求权，对责任之一或全体可以同时或先后请求全部或一部分履行③或只能"择一"④；四是损害赔偿责任最终归属于造成损害发生的最终责任人。⑤

（二）先付责任

先付责任是指在不真正连带责任中，中间责任人首先承担直接责任，请求权人只能向中间责任人请求赔偿，中间责任人在承担了中间责任后，有权向承担最终责任人追偿的不真正连带责任的特殊形态。⑥ 我国《侵权责任法》第四十四条、第八十五条以及第八十六条第一款的规定属于先付责任。

1. 对外效力。先付责任中，债权人只能向中间责任人要求赔偿。

---

① 杨立新. 论不真正连带责任类型体系及规则［J］. 当代法学，2012（3）.
② 许胜. 试论不真正连带之债［J］. 安徽警官职业学院学报，2006（2）.
③ 史尚宽. 债法总论［M］. 北京：中国政法大学出版社，2000：675.
④ 杨立新. 论不真正连带责任类型体系及规则［J］. 当代法学，2012（3）.
⑤ 杨立新. 论不真正连带责任类型体系及规则［J］. 当代法学，2012（3）.
⑥ 杨立新. 论不真正连带责任类型体系及规则［J］. 当代法学，2012（3）.

2. 对内效力。中间责任人承担赔偿责任后，有权向最终责任人追偿。

3. 行使规则。先付责任的行使规则：一是两个责任人对损害发生都应当承担责任，一方是中间责任，另一方是最终责任；二是受害人只能向中间责任人请求赔偿；三是损害赔偿的最终承担者是造成损害发生的最终责任人。

（三） 补充责任

补充责任是指两个行为人违反法定义务，对一个受害人实施加害行为或者不同人基于不同的行为对受害人产生同一内容的赔偿责任，受害人分别享有的数个有顺序区别的请求权，首先行使顺序在先的请求权，在其不能实现或者不能完全实现时，再行使另外的请求权予以补充的责任形态。① 我国《侵权责任法》第三十二条第二款、第三十四条第二款、第三十七条第二款以及第四十条的规定属于补充责任。

1. 对外效力。受害人只能按照法律规定先向直接责任人请求赔偿，当该责任人全部不能履行赔偿责任或只能部分履行赔偿责任时，受害人可以向补充责任人要求赔偿。

2. 对内效力。直接责任人完成赔偿后，不能向补充责任人追偿。补充责任人承担了补充责任人，不享有向直接责任人的追偿权。

3. 行使规则。补充责任的行使规则：一是两个责任人对受害人都应当承担责任，一方是直接责任人，另一方是补充责任人。二是受害人只能先向直接责任人请求赔偿，当直接责任人不能赔偿或赔偿不足时，受害人可以向补充责任人要求赔偿。三是直接责任人与补充责任人之间不能行使追偿权。

---

① 杨立新. 侵权法论：第三版［M］. 北京：人民法院出版社，2005：643.

（四） 并合责任

并合责任是受害人有两个赔偿请求权，两个赔偿请求权的关系是并存的，受害人可以同时或先后向不同的责任人请求全部赔偿的责任形态。最高人民法院《关于审理人身损害赔偿案件适用法律若干问题的解释》第十二条的规定属于并合责任。

1. 对外效力。受害人可以同时或先后向两个责任人要求全部赔偿。

2. 对内效力。责任人之间没有追偿权。

3. 行使规则。并和责任的行使规则：一是两个责任人对受害人都应当承担责任；二是受害人既可以同时，也可以先后向两个责任人要求赔偿；三是责任人之间不能行使追偿权。

二、不真正连带责任的特点与意义

（一） 不真正连带责任的法定性

不真正连带责任的法定性体现在三个方面：[1]　一是责任构成法定。不真正连带责任的产生并非基于责任人对法定义务的违反，而是法律规定在一定情形下发生了损害，则由一定范围内的责任人负责。二是责任主体范围法定。不真正连带的责任主体以法律规定为限。三是最终责任人是法定的。最终责任人是指对于不真正连带责任的发生应最终负责的人。不真正连带的最终责任人是法律规定的。

（二） 不真正连带责任的意义

不真正连带责任的意义包括：一是保护受害人。不真正连带责任的

---

[1]　王竹. 论法定型不真正连带责任及其在严格责任领域的扩展适用［J］. 人大法律评论，2009.

成立要件与最终责任人的确定无关，这与连带责任至少需要证明数个加害人共同制造损害的证明负担相比，程序负担小。可以适用于最终责任人不明的情形。不但赔偿权利人在起诉时无须证明最终责任人，事实上即使无法确定最终责任人也可以根据法律规定适用不真正责任。① 另外，立法者对于不真正连带责任的设计，往往考虑到了赔偿权利人的起诉便利性，规定了地理空间离受害人较近的责任人，如产品缺陷责任中的销售者。② 二是保护非最终责任人。连带责任与不真正连带责任最大的差别是每个连带责任人都要承担部分最终责任。在不真正连带责任中，明确规定了非最终责任人对最终责任人的追偿权或代位权。③

三、保险中的不真正连带责任

（一） 保险代位求偿权情形下的责任是典型的不真正连带责任

保险代位求偿权一是指因第三者对保险标的的损害而造成保险事故的，保险人自向被保险人赔偿保险金之日起，在赔偿金额范围内代位行使被保险人对第三者请求赔偿的权利。"当保险人根据保险合同的约定对于被保险人负有给付保险金义务，而第三人基于侵权行为或者其他原因对于被保险人负有同一标的的给付义务时，在保险人、第三人和被保险人之间形成不真正连带债务关系。"④ 张广兴教授认为："在我国法律上，具有不真正连带债务性质的规定有《海商法》第二百五十二条至

---

① 王竹. 论法定型不真正连带责任及其在严格责任领域的扩展适用 [J]. 人大法律评论，2009.
② 张新宝. 侵权责任法原理 [M]. 北京：中国人民大学出版社，2005：389.
③ 王竹. 论法定型不真正连带责任及其在严格责任领域的扩展适用 [J]. 人大法律评论，2009.
④ 刘凯湘，汪华亮. 保险代位求偿权规范价值、适用范围与效力研究 [J]. 复旦民商法学评论，2007 (7).

第二百五十四条规定的保险财产的损害由第三人造成的，保险人与该第三人的赔偿责任；《保险法》第四十四条、第四十五条规定的保险标的由第三人损害时，保险人与该第三人的赔偿责任；《消费者权益保护法》第三十五条第二款规定的消费者受到损害时，销售者和生产者的赔偿责任等。"①

1. 对外效力。当保险事故发生时，由于保险事故是由第三人造成的，被保险人（受害人）拥有两个请求权：被保险人既能向保险事故制造的第三人请求赔偿，也能向保险人要求赔偿。（1）被保险人选择先向事故制造的第三人请求赔偿，如果全部损失得到赔偿后，被保险人不得再向保险人行使请求权；如果第三人没有或履行了部分赔偿，被保险人可以向保险人要求在保险金额范围内赔偿剩余部分的损失。（2）被保险人选择先向保险人请求赔偿，如果在保险金额范围内被保险人的损失得到了全额赔偿，被保险人不能再向第三人请求赔偿；如果被保险人从保险人那里没有得到全额赔偿，剩余部分可以向第三人请求赔偿。

2. 对内效力。一是保险事故发生后，保险人未赔偿保险金之前，被保险人放弃对第三者请求赔偿的权利的，保险人不承担赔偿保险金的责任。二是保险人向被保险人赔偿保险金后，被保险人向第三者请求赔偿的权利当然转移给了保险人，不需要被保险人同意。保险人以自己的名义向第三者行使赔偿请求权，赔偿金额以保险人向被保险人赔偿的金额为限。三是被保险人未经保险人同意放弃对第三者请求赔偿的权利的，该行为无效。四是被保险人故意或者因重大过失致使保险人不能行使代位请求赔偿权利的，保险人可以扣减或者要求返还相应的保险金。五是保险人向第三者行使代位请求赔偿的权利时，被保险人应当向保险人提供必要的文件和所知道的有关情况。六是保险人行使代位请求赔偿的权利，不影响被保险人就未取得赔偿的部分向第三者请求赔偿的权

---

① 张广兴. 债法总论［M］. 北京：法律出版社，1997：156－157.

利。七是除被保险人的家庭成员或者其组成人员故意制造保险事故外，保险人不得对被保险人的家庭成员或者其组成人员行使代位请求赔偿的权利。

（二）车险追偿权情形下的责任是先付责任

我国《机动车交通事故责任强制保险条例》第二十二条规定："有下列情形之一的，保险公司在机动车交通事故责任强制保险责任限额范围内垫付抢救费用，并有权向致害人追偿：（一）驾驶人未取得驾驶资格或者醉酒的；（二）被保险机动车被盗抢期间肇事的；（三）被保险人故意制造道路交通事故的。有前款所列情形之一，发生道路交通事故的，造成受害人的财产损失，保险公司不承担赔偿责任。"

1. 对外效力。根据机动车保险条款，驾驶人未取得驾驶资格或者醉酒的、被保险机动车被盗抢期间肇事的或被保险人故意制造道路交通事故的，保险人不承担赔偿责任。但为了保护受害人的利益，法律规定受害人可以先向保险人请求在机动车交通事故责任强制保险责任限额范围内垫付抢救费用。保险人垫付抢救费用后，受害人不得向被保险人请求垫付的抢救费用。

2. 对内效力。保险人向受害人在机动车交通事故责任强制保险责任限额范围内垫付抢救费用后，有权向致害人请求赔偿垫付的费用。此为车险的追偿权。车险的追偿权是基于无因管理，保险人与致害人之间产生的一种新的债权债务关系，不同于保险代位求偿权的权利法定转移。

（三）第三人所致人身保险事故赔偿情形下的责任是并合责任

我国《保险法》第四十六条规定："被保险人因第三者的行为而发生死亡、伤残或者疾病等保险事故的，保险人向被保险人或者受益人给付保险金后，不享有向第三者追偿的权利，但被保险人或者受益人仍有权向第三者请求赔偿。"

1. 对外效力。人身保险因第三者的行为造成保险事故，被保险人拥有两个请求权，同时可以向保险人与第三者请求赔偿。

2. 对内效力。保险人向被保险人给付保险金后，不得向第三者追偿。

四、结论

保险代位求偿权是典型的不真正连带责任对债务人之间的要求，车险追偿权是先付责任对债务人之间的规范。两者具有本质上的不同，前者是请求权的法定转移，后者是在无因管理规范下的权利与义务的关系。第三人所致人身保险的保险事故属于并合责任，债务人内部不存在请求权的关系。

第十章　非纯粹风险可保吗①

——以农产品价格保险为例

一、问题的提出

农产品价格保险是以农产品价格为标的、以预期价格或价格指数为赔付依据的一种农业保险产品，是对农业生产经营者因市场价格大幅波动，农产品价格低于预期价格或价格指数造成的损失给予经济赔偿的一种制度安排。② 根据国内外农业保险已有实践，目前农产品价格保险主要包括收入保险、价格指数保险及收益保险。③ 从定义及实践中已有的产品来看，农产品价格保险所承保的标的主要是价格变动引发的风险即市场风险，属于投机风险（非纯粹风险）的范畴。

我国 2012 年公布、2016 年修订的《农业保险条例》第二条对农业保险的定义进行了界定："农业保险，是指保险机构根据农业保险合

———————————

①　该文是刘清元与佟轶共同完成的。

②　张承慧，郑醒尘. 中国农村金融发展报告 [M]. 北京：中国发展出版社，2016：145.

③　收入保险对因农产品产量降低、价格下跌或者产量价格同时变化引起的收入损失提供保障。价格指数保险是以农产品价格波动造成的风险损失为保险责任。收益保险则是对农产品毛利润提供保障的保险，当投保人实际毛利润低于预期毛利润时，投保人获得相应赔偿。

同，对被保险人在种植业、林业、畜牧业和渔业生产中因保险标的遭受约定的自然灾害、意外事故、疫病、疾病等保险事故所造成的财产损失，承担赔偿保险金责任的保险活动。"

从《农业保险条例》中的定义来看，农业保险承保的风险限于自然灾害、意外事故、疫病、疾病，均为纯粹风险，不包括含市场风险在内的非纯粹风险。那么，该如何看待农产品价格保险对《农业保险条例》中定义的突破？作为非纯粹风险的市场风险可否作为农业保险的保险标的？想要回答上述问题，需要对非纯粹风险的可保性进行研究与分析。

二、传统保险理论中可保风险的条件

（一）纯粹风险与非纯粹风险

保险的标的是风险，按照风险的性质区分，风险可以划分为纯粹风险与非纯粹风险（投机风险）两类。纯粹风险是指只有损失机会而没有获利可能的风险。其所致结果有两种，即有损失和无损失，例如自然灾害只有给人民的生命财产带来危害，而绝不会有获利的可能。非纯粹风险又称为投机风险，是指既有损失的机会也有获利可能的风险。其所致结果有三种：损失、无损失和盈利，如有价证券，其价格的下跌可使投资者蒙受损失，价格不变无损失，价格上涨则可使投资者获得利益。[①]

农产品价格保险所承保的标的主要是农产品价格波动带来的风险，而农产品价格波动与证券价格波动一样，有可能给农业生产经营者带来损失，也有可能带来收益，这种市场风险为典型的投机风险（非纯粹风险）。

---

① 齐瑞宗.保险理论与实践 ［M］.北京：知识产权出版社，2015：9－10.

（二） 纯粹风险与可保风险条件

关于可保风险的条件（什么样的风险可以作为保险标的），国内外学者已有较多的论述。总结传统保险理论，可保风险的条件一般包括以下几点：大量同质、独立性、偶然性、合法性、随机性、意外性、可预期、损失能以货币衡量、纯粹性等。上述性质中，不同学者对于具体的某项条件会有不同的认识，但对于风险的纯粹性，国内外大多数学者的观点较为相同：国内学术界大多将风险的纯粹性视为风险可保性的必要条件，代表性观点如可保风险"必须是纯粹风险"① "仅限于纯粹风险"② 或"只能是纯粹风险"③，认为保险人"只承保纯粹风险"④。国外学术界多数文献则认为与纯粹风险"一般情况下"（generally）可保相反，投机风险"一情况下"（generally）"正常情况下"（normally）或"通常情况下"（usually）不可保。⑤

三、非纯粹风险的可保性分析

由前述分析可见，传统保险理论认为可保风险一般只能是纯粹风险，非纯粹风险不具有可保性。但以农产品价格保险为代表的以市场风险（非纯粹风险）为保险标的的保险产品大量出现⑥，则证明了在实践

---

① 颜卫忠. 保险学 ［M］. 西安：西安交通大学出版社，2013：21.

② 中国保险监督管理委员会保险消费者权益保护局. 掀起保险盖头来 保险知识篇 ［M］. 北京：中国财政经济出版社，2014：19.

③ 李育良，池娟. 国际货物运输与保险 ［M］. 北京：清华大学出版社，北京交通大学出版社，2005：116.

④ 杨忠海. 保险学原理 ［M］. 北京：清华大学出版社，2011：10.

⑤ 吴祥佑. 可保性边界拓展与保险业发展 ［J］. 西南科技大学学报，2012（3）.

⑥ 截至2016年末，农产品价格保险试点地区已扩展至31个省份，保费收入突破10亿元，提供风险保障154.81亿元。中华人民共和国农业农村部，"农产品价格指数保险"模式 ［C/OL］.（2017 - 10 - 12）［2018 - 9 - 28］. http：//www. moa. gov. cn/ztzl/jrfwnyxdhgflt/sdms _ a1012/201710/t20171012 _ 5838724. htm.

中非纯粹风险也可以纳入保险公司的保障范围之内。因此，非纯粹风险也可作为可保风险，也应该有理论依据与支撑，归纳起来，笔者认为可以从以下几个方面分析。

（一）可保风险条件在实践中的弱化

伴随着科技的快速更新迭代以及世界经济由制造业向服务业的转型，大量无形的、难以测量的新型风险如科技风险、投资风险日益加剧，急需保险转移。而随着风险发展的变化，保险经营所处的风险环境也发生变化，使保险公司基于开展市场竞争、稳定保险经营、实现经营利润等方面的考虑，逐渐放宽了承保条件，传统可保风险条件出现了弱化的趋势，甚至有学者认为"保险人所承保的风险除了受法律法规的约束，必须满足合法条件外，所谓的可保与不可保风险并无实质上的区别，关键问题在于保险人与投保人之间能否就该风险的承保条件和承保价格达成一致。只要保险人与投保人就承保条件和承保价格达成一致的，则该风险就可以被认为是可保风险，否则为不可保风险。"[1]

由此可见，可保风险的条件并非严格的法律定义与规制，其只是保险经营者在经营中总结出来的规律，如果对不符合这些条件的风险予以承保，则可能产生一定的经营问题或社会问题，如经营亏损、无法操作、道德风险、逆选择、损害社会利益等。如果随着社会、科技、认知的发展，保险人已经可以对其进行控制，则无须再受该条件的约束。

（二）非纯粹风险可保的可行性

传统可保风险条件中排除非纯粹风险的理由主要包括容易诱发道德风险及逆选择、风险损失难以预测，但这两个方面的问题并不能否定非

---

[1]　胡炳志，徐荣坤．可保风险与不可保风险的经济学分析［J］．中国保险管理干部学院学报，2002（6）.

纯粹风险的可保性。

1. 道德风险及逆选择的问题。否定非纯粹风险可保的观点认为，如果保险人对投机风险进行承保的话，就有可能使投保人因为保险而获利，从而刺激人们主动去触发保险事故的发生，从而导致道德风险与逆向选择成为一个很严重的问题①。

对于上述观点，笔者认为值得商榷：一方面，有些非纯粹风险无法人为操控，以蔬菜价格指数保险为例，这些蔬菜大都是本地生产、本地销售，而且蔬菜保质期短、运输性差，某种程度上具有封闭循环的特点，加之当地往往采取限定种植面积的方式控制供给扩大，不会因为供给扩大造成蔬菜价格下跌和保险赔付，因而这类区域性的市场风险较难以人为控制；另一方面，保险公司也可以通过一些技术手段如只承保下侧风险、不承保上侧风险②，设置适当的免赔额（率），保险产品的完善③等规避道德风险及逆选择的发生。因此，并非所有的非纯粹风险承保后都会诱发道德风险及逆选择，对非纯粹风险进行承保仍有操作的空间与方式，不能全盘否定。

2. 风险损失难以预测的问题。部分学者认为非纯粹风险不可保的另一个原因是纯粹风险一般会较规则、在相同情况下重复发生，因而可根据过去的经验以及资料计算其损失频率与严重程度，并以大数法则预测其未来的损失。而投机风险一般会不规则地发生，较不易或不可能在

---

① 王英姿. 企业汇率风险的可保性分析［J］. 时代金融，2009.

② 投资学中，风险常常被定义为风险因素变化的波动性，不利的波动被称为下侧风险，有利的波动称为上侧风险。王勇，隋鹏达，关晶奇. 金融风险管理［M］. 北京：机械工业出版社，2014：3.

保险公司可以只承保因价格下跌引发的损失（下侧风险），对于价格上涨幅度未达预期而造成的预期利益损失（上侧风险）不予承保，这样被保险人即使操控风险也难以获利，从而避免道德风险的产生。

③ 对于某些价格容易被操控的农产品，可以通过收入保险（产量×价格）的方式承保，即可以通过利用产量与价格的负相关关系，实现产量风险与价格风险的对冲，从而避免通过扩大生产影响供给并触发保险事故发生的情况。

相同的情况下重复发生，即投机风险有获利的可能，因而使风险损失的预测变得困难。①

对此观点，笔者也并不完全赞同。一方面，非纯粹风险难以适用大数法则导致损失无法预测，其归根结底仍是保险公司的承保能力问题，而非保险公司是否可为的问题，不能因此否定非纯粹风险的可保性；另一方面，大数法则作为最重要的保险定价理论，虽难以适用于非纯粹风险，但其并非唯一的保险定价理论，"资本资产定价理论、期权定价理论、无套利理论、资产负债理论及贴现现金流理论也都是重要的保险定价理论"②，能够从技术层面实现对风险损失的预测。

（三）　非纯粹风险可保的必要性：从发展的视角

从保险发展的历史来看，财产保险发源于海上，自诞生以来其保险标的大致经历了三个阶段的扩张：第一个阶段是有形财产，从以共同海损分担为萌芽，到海上运输保险，再到火灾保险，并最终扩展至目前几乎涵盖了社会所有的有形财产。第二个阶段，随着工业革命的发展及社会文明的进步，尤其是法制的进步，责任风险越来越为公众所重视，在经历了从排斥到接纳的过程后最终被纳入保险标的范围。第三个阶段，随着商业信用及道德风险的日益重要，信用风险也成为保险保障的范围。保险业也随着此趋势不断发展，承保的风险不断扩张，种类不断丰富，保障范围与程度也不断扩大。

由此可见，实践的需要是可保风险不断发展和扩大的依据。作为人类生存发展最重要的农业生产经营活动，其中存在的风险既可能由各类自然灾害或疫情事故引起，也可能由自然因素以外的市场波动引起。而

①　赵君彦．农业保险模式创新与选择：以河北省为例［M］．北京：中国农业出版社，2013：64.

②　吴祥佑．可保性边界拓展与保险业发展［J］．西南科技大学学报，2012（3）.

随着农业现代化进程的推进以及农产品市场价格形成机制改革的推进，农业经营者对价格风险的敏感度日益提升，市场风险对现代农业的影响程度并不亚于自然风险，因此需要将农产品生产的市场风险等非纯粹风险纳入农业保险保障范畴。

此外，农产品价格保险自面世以来，发展非常迅速，得到了市场的极大认可与欢迎，从实践的角度证明了将市场风险等非纯粹风险纳入可保风险的必要性。以安华农业保险股份有限公司为例，自 2013 年在全国率先推出生猪价格指数保险试点以来，安华农业保险目前已开发 20 余款农产品价格保险，涵盖生猪、水产品、蔬菜、粮食作物和地方特色农产品等多种农产品，覆盖收入保险、价格指数保险及收益保险等多种保障形式，为农产品市场提供了风险保障。此外，安华农业保险还以农产品价格保险为基础，积极探索"保险 + 期货 + 信贷"等创新模式，通过期货市场形成风险分散、各方受益的闭环；通过金融市场为农业生产者提供信贷支持，创新产业扶贫模式，收到了良好的经济效益与社会效益。

（四）非纯粹风险可保的现实意义

1. 扩展农业保险风险覆盖的范围，为农业生产提供更高形态的风险保障。如前所述，与自然风险为代表的纯粹风险相比，目前农业生产经营者对以价格风险为代表的非纯粹风险的敏感度日益提升，农产品价格保险对扩展农业保险风险覆盖范围起到了重要的积极作用。此外，相较于以纯粹风险为标的的成本保险，保障市场风险等非纯粹风险的价格保险"担负着更高的目标，不仅仅用来弥补灾后损失、尽快恢复生产，还能发挥稳定生产者收入的作用"①。因此，价格保险能够为农业生产提供更高形态的风险保障。

---

① 张承慧，郑醒尘. 中国农村金融发展报告 ［M］. 北京：中国发展出版社，2016：147.

2. 解决传统可保风险条件同保险产品创新与供给侧改革相冲突的问题。"传统可保风险的范围过于狭窄，已完全不能适应后工业化时代新风险大量涌现，旧风险日益模糊的现状"。① 因此，如果恪守非纯粹风险不可保的传统理论，保险产品的创新与供给侧的改革必然也会受到限制与束缚，实践中对于新风险的保险保障需求就难以得到有效满足。

3. 解决传统可保风险条件同现代保险经营技术发展相冲突的问题。如前所述，非纯粹风险不可保并非严格的法律定义与规制，其只是保险经营者在经营中总结出来的规律，而随着现代风险管理理论和技术的发展，新型风险管理技术得到了普遍应用。此外，随着现代金融理论和金融技术被不断地运用到保险中，使保险人有可能将所承担的风险在资本市场上进行更广泛的分散（如"保险＋期货"模式），这些都为保险公司突破传统可保风险条件的束缚做了技术上的准备。

四、非纯粹风险的可保范围

根据前述分析，非纯粹风险也应列入可保风险的范围内，但并非所有非纯粹风险均可保或者适宜承保，笔者认为还需要符合以下条件。

1. 满足传统可保条件中的其他要素。如前所述，传统保险理论将可保风险的条件进行了归纳，虽然其中纯粹性条件并非可保风险的必备条件，但诸如偶然性、合法性、随机性等条件不能缺失，否则依然不能成为可保风险。

2. 具有系统性的市场风险不宜作为可保风险。如金融危机风险或者只承保纯粹价格风险的大宗农产品价格指数风险（如玉米、小麦、水稻等产品，其同质性强、可运输性强，全国统一的大市场、大流通基本形成，其价格变动的风险具有系统性），保险公司承保此类风险将面

---

① 吴祥佑. 可保性边界拓展与保险业发展［J］. 西南科技大学学报，2012（3）.

临很大的巨灾风险,[①] 难以在时间及空间上进行分散。

3. 不具有社会生产性的投机风险不可保。部分投机风险具有社会生产性,投保人承担此类风险将会使全社会收益（如投资风险、股市风险等），这类非纯粹风险适宜作为可保风险。但对于不具有社会生产性,仅可能给个人带来收益并不能给社会整体带来收益的非纯粹风险（如通货膨胀）则不宜作为可保风险,不应通过保险进行风险转移,从而鼓励此种投机行为的发生。

五、结论与建议

纯粹风险不是可保风险的一种绝对的现实条件（非充分也非必要条件），部分市场风险（包括上侧风险及下侧风险）作为非纯粹风险也可以纳入可保风险的范畴中。鉴于此,笔者建议将《农业保险条例》中关于农业保险的定义修改为:"保险机构根据农业保险合同,对被保险人在种植业、林业、畜牧业和渔业生产中因保险标的遭受约定的自然灾害、意外事故、疫病、疾病或市场风险等保险事故所造成的经济损失,承担赔偿保险金责任的保险活动。"同时,随着保险市场与资本市场及金融市场的联系日益紧密,保险公司实际上已经在经营诸如利率、汇率、股票等投机风险,因此也应鼓励保险公司尝试承保上述投机风险。

---

① 朱俊生,庹国柱. 农业保险与农产品价格改革［J］. 中国金融,2016（20）.

第十一章 违反告知义务适用
"撤销"还是"解除"

一、问题的提出

告知义务是保险法特有的一种制度，其历史悠久。法国 1681 年的《海事条例》确立了告知义务。1808 年法国颁布《商法典》。该法典第十章（第 332 条至第 396 条）为海上保险的规定（大部分承袭了 1681 年的《海事条例》，其中第 348 条规定了告知义务。[①] 在英国，1766 年的 Carter v. Beohm 案确立了告知义务制度。1906 年《海上保险法》是由钱伯斯在曼斯菲尔德《海上保险法草案》的基础上，对 2000 多个案例进行整理、总结和补充而完成的。该法第 17 条和第 18 条规定了告知义务。[②] 1861 年《德国商法》第 813 条第 1 项规定了告知义务。[③] 后来，德国在修订 1861 年《德国商法典》的基础上于 1908 年颁布了《保险合同法》，其中第 16 条和第 17 条为告知义务。[④] 1908 年瑞士《保险法》

---

① 樊启荣. 保险契约告知义务制度论 [M]. 北京：中国政法大学出版社，2004：98.
② 樊启荣. 保险契约告知义务制度论 [M]. 北京：中国政法大学出版社，2004：99.
③ 樊启荣. 保险契约告知义务制度论 [M]. 北京：中国政法大学出版社，2004：101.
④ 樊启荣. 保险契约告知义务制度论 [M]. 北京：中国政法大学出版社，2004：100.

由卢烈博士起草，他是在总结 1865 年《瑞士同法草案》、1877 年《瑞士债务法草案》的基础上完成的，其中第 4 条和第 5 条规定了告知义务。① 1902 年，法国商务大臣 Trouillot 作成保险契约法草案（除海上保险外），但未公布；1924 年法国劳务大臣 Justin Godatr 在上述草案的基础上起草新草案并于 1925 年通过，1930 年开始实施。其中第 15 条以下为告知义务的规定。②

从各国的立法来看，违反告知义务的后果主要包括撤销与解除。适用撤销的有英国、美国、意大利、俄罗斯等国家，适用解除的有德国、瑞士、日本、韩国、中国等。为什么同一种行为会有两种不同的结果呢？它们之间有什么不同？它们的发展趋势如何？

二、违反告知义务是适用"撤销"还是适用"解除"的法理分析

（一）履行告知义务的时间

1906 年《英国海上保险法》规定，投保人的告知义务限于"在保险合约订立时"。1908 年德国《保险合同法》第 16 条规定了在"契约订立时"；2008 年德国《保险合同法》第 19 条规定，"在订约之前"，包括"在保险人接受投保人的订约请求后但正式签订保险合同前"。③俄罗斯《民法典》第 944 条、日本《保险合同法》第 4 条、我国《保险法》第十六条、我国台湾地区"保险法"第 64 条均规定为"订立契约时"。

---

① 樊启荣. 保险契约告知义务制度论［M］. 北京：中国政法大学出版社，2004：100.
② 樊启荣. 保险契约告知义务制度论［M］. 北京：中国政法大学出版社，2004：101.
③ 孙宏涛. 德国保险合同法［M］. 北京：中国法制出版社，2012：30.

（二）告知义务的内容

告知义务的内容为被保险人知悉或应当知悉的重要事实。在保险法历史上，重要事实的概念源自近代保险的发源地英国。1880 年 Rivaz v. Gerussi 确立了重要事实标准。"凡足以影响合同的保险人决定是否订立契约，或以何种保险费率订约或其他的事实，即为重要事实，而于各个保险契约的情形，此等重要事实须由保险人负举证之责。"① 后来，判例规则不断丰富和扩展重要事实的内涵和外延。在成文法上，1906 年《海上保险法》规定，每一个可以影响谨慎保险人确定保费或决定是否承保的判断的情况都是重要的。此后，各国的保险立法基本上都采用了这一判断标准。1908 年德国《保险合同法》规定，对于保险人订立契约或者约定内容的决定产生影响的危险情况是重要的时，经保险人明确以书面询问情况，若有疑义时视为重要。瑞士 1908 年《保险契约法》第 4 条规定，对于保险人订立合同与否的决定有影响的有关危险事实，为重要事实。② 我国《保险法》第十六条规定的"足以影响保险人决定是否同意承保或者提高保险费率的"为重要事实。

综上所述，告知义务"本质上仅为投保人或被保险人对保险标的状况所为的陈述，为缔结保险契约前的预备行为"。③ 法律之所以规定投保人告知义务，是因为投保人违反告知义务将导致保险人在决定是否订立保险契约及以何种条件订立契约时发生错误的估计。④ 保险法的告知义务制度以诚信原则为出发点，凭借投保人的告知义务以达到对价的

---

① Rivaz v. Gerussi（1880），Ibid，P. 73. 转引自樊启荣. 保险契约告知义务制度论［M］. 北京：中国政法大学出版社，2004：96.

② 汪华亮. 保险合同信息提供义务研究［M］. 北京：中国政法大学出版社，2011：242.

③ 施文森. 保险法总论：第九版［M］. 台北：三民书局，1990：155.

④ 刘宗荣. 新保险法：保险契约法的理论与实务［M］. 北京：中国人民大学出版社，2009：139.

平衡。① 投保人违反告知义务可能导致保险人对危险估计错误，从而影响保险人真实的意思表示。根据合同法理论，投保人由于违反告知义务影响到保险人的意思表示，只能赋予保险人"撤销"其意思表示的权利，最终导致保险合同无效。江朝国先生曾指出，我国台湾地区有学者主张"因为告知义务之事由，在契约订立时即已存在，而订立契约时即存在之瑕疵，应赋予当事人的是撤销权而非契约解除权。"② 另外，立法实践中，日本《商法典》、法国 2005 年《保险合同法》规定了投保人违反告知义务，保险合同当然无效。2008 年德国《保险合同法》与日本 2008 年《保险法》均规定了在投保人违反告知义务符合欺诈条件时，可以以欺诈撤销保险合同。这些规定从另一个侧面证明了违反告知义务应当适用"撤销"而不是"解除"。

三、违反告知义务适用"撤销"或"解除"的比较

（一）构成

1. 撤销。

一是客观主义。被保险人在保险合同订立之前对任何重要事实的不告知，都会导致保单无效，无论投保人的不实告知行为是故意、过失还是无辜。英国所有的保险都采用这一规则，美国法院则只对海上保险严格运用这一规则。1906 年英国《海上保险法》第 17 条规定："保险，须遵守最大诚信。海上保险契约乃基于最大诚信，如果任何一方未遵守最大诚信，另一方可以宣告合同无效。"英国保险人协会于 1986 年发表的《一般保险惯例陈述》对过错要件与不实告知和不告知法律效果未

---

① 樊启荣. 保险契约告知义务制度论［M］. 北京：中国政法大学出版社，2004：176.

② 江朝国. 保险法基础理念［M］. 北京：中国政法大学出版社，2002：233.

作区分，原则上，只要投保人对于不实告知或不告知存在过失，均将面临保险合同被撤销的后果。① 1995 年，英国的一则判例再次确认，对于专业性很强的保险，即使投保人出于无辜的不实告知或不告知，也将导致保险合同被撤销的后果。② 美国大多数法院对于海上保险也实行严格的告知义务规则，要求投保人尽最大限度的善意，对于重要事实的不实告知或不告知，即使是无辜的或无过失，也支持撤销合同的请求。③

二是主观主义。投保人违反告知义务基于主观之故意或过失。美国的主流观点是，在人寿保险、火灾保险、意外伤害保险以及内陆运输保险的情况下，投保人未能告知重要事实信息不能成为保单无效的理由，除非投保人恶意不告知保险人评价风险必需的信息，而保险人本身不知道这些信息。④ 意大利《民法典（2004 年）》第 1892 条规定，撤销保险合同的条件是因投保人有恶意或重大过失而未正确申明和告知。

2. 解除。

一是客观主义。德国 1861 年《商法典》第 813 条规定了"客观主义"的告知义务。⑤ 1908 年德国《保险合同法》以及 1991 年修订的德国《保险合同法》并未区别投保人违反告知义务的主观状态，只要投保人未向保险人告知重要事实或恶意回避重要情况的，保险人均可解除合同。⑥ 1908 年瑞士《保险合同法》第 6 条规定："告知义务在订立保险合同时，就已知或应知的重要事实不如实告知或者隐匿者，保险人自

①　樊启荣 . 保险契约告知义务制度论 ［M］. 北京：中国政法大学出版社，2004：229.

②　Stpaul Fire & Marive Insurance Co（UK）ltd. V. Mc Connell Dowell Constructors and Others ［1995］2 Lloy's Rep116，CA. 转引自樊启荣 . 保险契约告知义务制度论 ［M］. 北京：中国政法大学出版社，2004：227.

③　Jeffrey W. Stempel. Interpretation of Insurance Contract，Boston：Little，Brown and company，1994，P. 403. 转引自樊启荣 . 保险契约告知义务制度论 ［M］. 北京：中国政法大学出版社，2004：228.

④　约翰·F. 道宾 . 美国保险法 ［M］. 梁鹏，译 . 北京：法律出版社，2008：190.

⑤　樊启荣 . 保险契约告知义务制度论 ［M］. 北京：中国政法大学出版社，2004：100.

⑥　孙宏涛 . 德国保险合同法 ［M］. 北京：中国法制出版社，2012：5.

知其违反时起 24 周内可以解除合同，并免除合同上的责任。"

二是主观主义。日本（2008 年）、韩国、中国等现行的保险法均采取主观主义。德国 2008 年《保险合同法》第 9 条第 3 款规定，如果投保人违反告知义务并非基于故意或重大过失，则保险人不能解除合同。至此，德国也采用了主观主义。

三是因果关系。因果关系模式是指当保险事故发生后，只有未告知或不实告知的重要事实与保险事故发生之间存在因果关系时，保险人才有权以不告知或不实告知为由解除保险合同。我国台湾地区在 1992 年前未修改的"保险法"规定，主要考虑要保人未说明的事项是否影响保险人对危险的估计，才是保险人行使解除权的要件，而不考虑该事项是否与保险事故的发生有关。1992 年 4 月 20 日，我国台湾地区"保险法"第 64 条第 2 项增加了一项："但要保人证明危险之发生未基于其说明或未说明之事实时，不在此限。"① 即"原则上虽以危险估计为原则，但仍允要保人得提出因果关系不存在之抗辩借以限制解除权之行使"。② 2008 年德国《保险合同法》第 19 条规定，在保险事故发生后，如果告知义务的违反与保险事故的发生及保险人的责任无关的，保险人无权解除合同。③

（二）溯及力

1. 撤销。有溯及力。投保人违反告知义务，保险人可撤销保险合同。保险合同一旦被撤销就被认为从未存在过，自始无效。这意味着在撤销合同之前的赔付都要返还，同时保险人也要返还投保人所交纳的保险费。④ 意大利《民法典（2004 年）》第 1892 条第三款规定："对保险

---

① 江朝国. 保险法基础理念 [M]. 北京：中国政法大学出版社，2002：234.
② 汪信君，廖世昌. 保险法理念与实务 [M]. 台北：元照出版公司，2006：44.
③ 孙宏涛. 德国保险合同法 [M]. 北京：中国法制出版社，2012：6.
④ 孙宏涛. 德国保险合同法 [M]. 北京：中国法制出版社，2012：35.

人要求撤销之前的保险期内的保险费，保险人有权提出主张，任何情况下，保险人可以对约定的第一年的保险费主张权利。在前款所述期间届满前灾害发生的，保险人不承担支付保险金的义务。"

2. 解除。

一是有溯及力。1908年德国《保险合同法》第20条第2款规定："解除契约者，若本法关于保险费无其他规定，双方互负返还已受领给付的义务；金钱给付自受领时起加给利息。"1908年瑞士《保险合同法》规定，投保人违反告知义务，保险人可解除合同，并可免除合同上的责任。日本《商法》第645条第2款、第678条第2款规定，凡事故发生后解除契约，保险人不负担损害填补义务或保险金支付义务，即使在已全部支付保险金的情形下，保险人就保险金仍有返还请求权。理论上，此一规定承认解除契约具有溯及力。[①] 我国台湾地区"保险法"对因投保人违反告知义务所规定的解除权，具有溯及的效力，使契约自始无效。[②] 我国《保险法》第十六条第四款规定，投保人故意违反告知义务，保险人可以解除合同，并可拒绝承担解除前的保险事故所造成的损失。

二是无溯及力。我国《保险法》第十六条第五款规定，保险人因投保人的重大过失解除合同的，原则上对此之前的保险事故应当承担赔偿责任，除非保险人能证明投保人未履行如实告知义务对保险事故的发生有严重影响时，保险人才不承担责任。

（三）赔偿责任

1. 撤销。如果保险人因违反告知义务而撤销保险合同的，保险人

---

① 田边康平. 保险契约法 [M]. 廖淑惠，译. 台北：财团法人保险事业发展中心，1993：37.

② 江朝国. 保险法基础理念 [M]. 北京：中国政法大学出版社，2002：232.

可依"缔约过失责任"原则，要求投保人或被保险人赔偿其因此所遭受的损失。损失范围以"信赖利益"的损失为限。

2. 解除。

一是有溯及力的情况下的"违约赔偿责任"。理论上，在解除有溯及力的情况下，解除合同之前的保险费应当返还，保险人无须承担保险事故赔偿责任，已支付的保险金应当返还。立法实践中，以德国、日本、韩国为代表的国家引进了因果关系的条款。在投保人违反重要事实的告知义务的情况下，保险人对解除合同前发生的保险事故原则上不承担责任，但是，如果被保险人能够证明该事实与保险事故的发生没有因果关系，保险人就不得拒绝承担保险责任。如1908年德国《保险合同法》第21条、日本《商法典》第645条第2项的规定等。

二是无溯及力的情况下的"违约赔偿责任"。理论上，当解除无溯及力的情况下，解除合同之前应给付的保险费与保险金应当由合同当事人按约定的义务承担。但立法实践中，引进了因果关系条款。投保人违反告知义务，保险人对解除前的保险事故原则上要承担责任。但保险人证明违反告知义务直接影响保险事故的发生，保险人可以拒绝赔偿保险合同解除前发生的保险事故。我国《保险法》第十六条第五款规定，投保人因重大过失未履行如实告知义务，对保险事故的发生有严重影响的，保险人对于合同解除前发生的保险事故，不承担赔偿或给付保险金的责任。

四、违反告知义务适用 "撤销" 或 "解除" 的问题及对策

（一）问题

1. 适用撤销存在的问题。当前条件下，因投保人违反告知义务撤

销合同，合同自始无效，对于被保险人来说过于严苛。早先，在签订海上保险合同时，往往远离船舶和货物所在地，保险人对保险标的物一般不能作实地勘察，仅仅依靠投保人叙述的情况来决定是否承保和怎么样承保。那个年代通信十分困难，保险人想查任何东西也查不到。保险人在投保人没有善意地告诉他有关风险的情况下，贸然承诺承保，根本没有能力定下准确与适当的保险费，甚至是接不接受投保也难以确定。①因此，要求投保人尽最大诚信来履行告知义务，② 1906 年《英国海上保险法》第 17 条基本上就是依照 Mansfield 勋爵在 Carter v. Boehm (1766) 3 Burr 1905 中的判法。只有一点不同，即可撤销与无效的分别。因为 1766 年英国法律还没有发展到把合约分为可撤销与无效两种，但 1906 年已经有了这个分别。③ 随着现代社会科技进步与经济发展，有人对告知义务本身的必要性与合理性提出了质疑。联合国贸易和发展委员会在对各国海上保险合同法和条款作了深入研究后，于 1975 年提出了一份名为《海上保险——海上保险合同法律和文件问题》的报告，对包括告知义务的严苛性等在内的问题，提出了尖锐的批评。④

2. 适用解除存在的问题。保险契约为继续性契约，"解除权之行使是否应得视为契约业经解除而溯及自始无效不无疑问"。⑤ 英国法的合同解除并没有溯及力，在合同解除后，仅仅消灭合同尚未履行的义务，已经发生的权利仍然有效。《美国统一商法典》第 2 - 106 条、第 2 - 703 条、第 2 - 711 条规定了合同的终止（cancellation），相当于大陆法系中的合同解除制度。依该法典，合同解除后并无溯及效力，也只是就合同未履行义务得以免除，并且解除权人享有因违约方的先前违约而请求损

---

① 杨良宜. 海上货物保险法［M］. 北京：法律出版社，2010：38.
② 汪华亮. 保险合同信息提供义务研究［M］. 北京：中国政法大学出版社，2011：75.
③ 杨良宜. 海上货物保险法［M］. 北京：法律出版社，2010：39.
④ 樊启荣. 保险契约告知义务制度论［M］. 北京：中国政法大学出版社，2004：117.
⑤ 汪信君，廖世昌. 保险法理念与实务［M］. 台北：元照出版公司，2006：56.

害赔偿的权利。法国民法认为，受客观情况的限制，连续性合同的解除不具有溯及力。在荷兰，关于解除的效果，在新民法典中，与设置了与法国民法典相当的规定的旧民法典不同，不溯及既往。①

（二）对策

1. 撤销与解除的适用。区分过错程度，投保人故意违反告知义务适用撤销，重大过失则适用解除。我国澳门地区《商法典》第 974 条和第 975 条规定，对于投保人恶意的违反告知，保险人可在获悉该情形之日起 1 个月内撤销合同。保险人行使撤销权的，合同立即溯及既往地消失，即使发生保险事故后亦同，保险人仍有权收取保险费。对于投保人过失的不实说明或不告知，保险人得在获悉该情形之日起 2 个月内解除合同，或者提议达成增加保险费的合意。保险人行使解除权的，保险合同于解约通知后 15 日生效，并且合同解除的效力只向将来发生，没有溯及力。2004 年意大利《民法典》规定，故意或重大过失，保险人可撤销保险合同；非故意或重大过失，保险人可终止保险合同。2008年德国《保险合同法》规定，故意或重大过失，保险人可解除保险合同；非故意或重大过失，保险人可终止保险合同。2005 年《法国保险合同法》规定，投保人故意违反告知义务，保险合同无效；非故意违反告知义务，保险人可终止保险合同。

2. 对解除合同前发生的保险事故可采取的赔偿原则。因投保人违反告知义务解除保险合同的，无溯及力，对解除前的保险事故原则上应当承担赔偿责任，但必须遵循如下原则。

一是例外原则。若投保人未告知的事项属于保险人所拒绝承保的，保险人解除合同后，对于解除合同前发生的保险事故全部不承担赔偿责任。

---

① 曾祥生．合同解除效力的比较研究［J］．武汉大学学报：哲学社会科学版，2009.

二是比例原则。若投保人未告知的事项属于保险所须加费的，则保险人解除合同后可采取以下两种方式：第一，按比例减少保险金额，即投保人或被保险人因其不实的说明使所支付的保险费少于应付数额的，保险金额应按照所支付的保险费的比例减少。在美国仅有新罕什州采用此原则。[①] 1984 年修改的澳大利亚《合同法》引入按比例减少保险金额的原则。[②] 法国 1990 年修改《保险法》时引入按比例减少保险金额的原则，为世界各国树立了典型模式。当前，法国的比例原则已经写入欧盟保险法指令中。[③] 意大利和我国澳门地区也有类似的规定。第二，按比例增加保险费。1984 年，澳大利亚修改后的《保险合同法》引入另一种形式的比例原则，对于投保人的非欺诈性不实告知，保险人无权解除合同，但保险人的地位应当恢复到未受错误告知影响的状态，即保险人可以请求投保人按比例增加保险费的给付，但保险金给付责任仍然按照原来保险合同约定的数额履行。[④]

---

① 施文森. 保险法总论：第九版［M］. 台北：三民书局，1990：161.
② 樊启荣. 保险契约告知义务制度论［M］. 北京：中国政法大学出版社，2004：242.
③ 樊启荣. 保险契约告知义务制度论［M］. 北京：中国政法大学出版社，2004：243.
④ 汪华亮. 保险合同信息提供义务研究［M］. 北京：中国政法大学出版社，2011：247.

第十二章　未指定受益人情况下的
死亡保险金的归属

死亡保险中，在指定了受益人的情况下，如果被保险人死亡，保险金理应支付给受益人。但由于某些客观原因，在未指定受益人的情况下，死亡保险金应该支付给谁关乎消费者的切身利益。

一、立法实践

（一）死亡保险金归属于被保险人或其继承人

1. 归属于被保险人。我国台湾地区"保险法"第 113 条规定，死亡保险契约未指定受益人的，其保险金额作为被保险人的遗产。韩国《商法典》第 733 条规定，投保人有权指定或变更保险受益人。投保人尚未行使指定权即已死亡的，以被保险人作为保险受益人。

2. 归属于被保险人的继承人。《俄罗斯联邦民法典》第 934 条第 2 款规定，如果合同中未指定其他人为受益人时，则人身保险合同视同为被保险人利益而订立。合同的被保险人死亡，而合同中未指定其他受益人的，被保险人的继承人为受益人。

（二）　死亡保险金归属于投保人或其继承人

1. 归属于投保人。我国澳门地区《商法典》第 1033 条第 5 款规定，如于投保人死亡之日仍未指定受益人且无确定受益人的客观标准，则保险金额转为投保人的财产。法国《保险合同法》第 L132 - 11 条规定，死亡保险合同中没有指定受益人的，保险金应当属于投保人的遗产。德国《保险合同法》第 160 条第 3 款规定，如果第三受益人未能取得向保险人请求赔偿的权利，上述权利将归于投保人行使。美国在未指定受益人而在被保险人死亡的情况下，如果保单所有人仍然幸存，那么保险金就由保单所有人领取。①

2. 归属于投保人的继承人。德国《保险合同法》第 160 条第 2 款规定，保险事故发生时，在保险人将要向投保人的继承人赔付保险金时，如有疑义的，投保人死亡时的继承人依照其应继承的份额成为受益人。放弃继承权的，并不影响其成为受益人的权利。

二、死亡保险金是归属于投保人还是归属于被保险人

在死亡保险中，投保人、被保险人与保险人三者的关系决定死亡保险金的归属。如果被保险人是保险合同的利益第三人，则死亡保险金归属于投保人一方。如果投保人是被保险人的代理人，则死亡保险金归属于被保险人一方。死亡保险中投保人、被保险人与保险人究竟是什么关系？

---

① 乔纳斯，朗. 保险原理：人寿、健康和年金：第二版［M］. 赵凯，译. 北京：中国财政经济出版社，2004：138.

（一） 死亡保险中被保险人是否为利益第三人

利益第三人合同，又称为利他合同、第三人取得债权的合同或为第三人利益订立的合同，它是指合同当事人约定由一方向合同关系外的第三人为给付，该第三人即因之取得直接请求给付权利的合同。① 利益第三人合同中的第三人即为合同利益第三人。利益第三人合同实质上是合同当事人通过合同赋予合同外的第三人独立请求权。利益第三人的权利来源于合同当事人的债权人一方。利益第三人是否知道当事人之间订立的合同，以及是否有行为能力，对其权利的取得不发生影响。② 第三人在合同订立时是否存在或确定也无关紧要，只要第三人在合同履行时能确定即可。③ 利益第三人合同本质上在于当事人之间订立的合同能够在不需要任何其他条件的情况下，直接赋予第三人以权利。"第三人取得权利不取决于其自己的任何行为，只决定于债权人与债务人是否有将该权利赋予他的意思。"④

在死亡保险中，保险合同的生效原则上需要取得被保险人的同意。19 世纪，德国保险法学者普遍认为，一方面生命、身体的不可计算性；另一方面禁止以他人生命、身体作为赌博行为的标的，主张若以他人的生命、身体为保险标的，则无论投保人对此是否具有利益，必须取得该他人的书面同意。⑤ 以他人身体为保险标的的，都规定须经该他人的书面同意，此规定见于人寿保险及伤害保险，以代替保险利益于财产保险之功能，防止主观危险事故的发生。⑥ 在多数情况下，如果被保险人同

---

① 王利明. 合同法研究 [M]. 北京：中国人民大学出版社，2002：123.
② 叶金强. 第三人利益合同研究 [J]. 比较法研究，2001（4）. 转引自刘清波. 民法概论：上册 [M]. 台北：五南图书出版公司，1984：300.
③ 叶金强. 第三人利益合同研究 [J]. 比较法研究，2001（4）. 转引自科宾. 科宾论合同：下册 [M]. 王卫国，等，译. 北京：中国大百科全书出版社，1998：245.
④ 薛军. 利他合同的基本理论问题 [J]. 法学研究，2006（4）.
⑤ 江朝国. 保险法基础理论 [M]. 北京：中国政法大学出版社，2002：54.
⑥ 江朝国. 保险法基础理论 [M]. 北京：中国政法大学出版社，2002：38.

意保险人签发以自己生命风险为标的的保单，他的生命安全便多了一层保护，同意权可以减少被保险人被谋杀的风险。①

德国、日本、韩国及我国台湾地区均规定了以死亡为给付条件的人身保险，必须经被保险人同意，否则无效。② 美国近50%的州的法律明文规定：以他人生命投保的保险，事前必须征得被保险人的同意，只有涉及配偶关系或者父母为未成年子女购买保险的除外。③

另外，在死亡保险中，被保险人需要具有完全行为能力，且一般不得被代理。德国规定，如果以他人死亡为保险事故订立保险合同并且约定的赔偿金额超过普通丧葬费用的，须经他人书面同意。如果他人为无行为能力人或限制行为能力人或有监护人的，即使投保人是其代理人，也不能代其作出同意。④ 韩国《商法典》规定，以未满15岁的人、心神丧失者或心智薄弱者的死亡为保险事故的保险合同无效。⑤ 我国《保险法》规定，投保人不得为无民事行为能力人投保以死亡为给付保险金条件的人身保险，保险人也不得承保。⑥

综上所述，在死亡保险中，保险合同的生效原则上需要取得被保险

---

① 小罗伯特·H. 杰瑞，道格拉斯·R. 里士满. 美国保险法精解［M］. 李之彦，译. 北京：北京大学出版社，2009：142.

② 我国台湾地区"保险法"第105条规定，由第三人订立之死亡保险契约，未经被保险人书面同意，并约定保险金额，其契约无效。日本《保险法》第38条规定，以生命保险契约当事人以外之人为被保险人的死亡保险契约，未经被保险人同意不发生效力。德国《保险合同法》第150条规定，以他人之死亡为保险事故订立保险合同并且约定之赔偿金额超过普通丧葬费用的，须经他人书面同意保险合同才能生效。在公司养老保险计划的团体人寿保险中，上述规定不予适用。如果他人为无行为能力人或限制行为能力人或有监护人的，即使投保人是其代理人，也不能代其作出书面同意。如果父母为其未成年子女订立保险合同，并且根据保险合同约定在子女年满七岁之前死亡时保险人依旧要承担保险责任或者约定保险人之赔偿责任超过普通丧葬费用阳高限额的，须经未成年子女同意。韩国《商法典》第731条规定，以他人死亡作为保险事故的保险合同，须事先得到该他人的即被保险人的书面同意。

③ 小罗伯特·H. 杰瑞，道格拉斯·R. 里士满. 美国保险法精解［M］. 李之彦，译. 北京：北京大学出版社，2009：142.

④ 德国《保险合同法》第150条。

⑤ 韩国《商法典》第732条。

⑥ 《中华人民共和国保险法》第33条。

人的同意，被保险人必须具有完全行为能力且不得被代理，即被保险人享有的独立请求权不是无条件来自投保人与保险人的约定，被保险人不属于保险合同中的利益第三人。

（二）死亡保险中投保人、被保险人与保险人是代理关系吗

代理分为直接代理与间接代理。直接代理是指代理人为了被代理人的利益，在代理权限内以被代理人的名义实施的法律行为，代理行为的效果由被代理人承担。间接代理是指代理人接受被代理人的委托，为了被代理人的利益，在委托权限内以自己的名义与第三人开展法律行为，最终效果由被代理人承担。我国《合同法》第四百零二条、第四百零三条规定了间接代理。

死亡保险中，投保人是以自己的名义订立的保险合同，显然不属于直接代理。投保人、被保险人与保险人是否属于间接代理关系呢？

韩国《商法典》第639条规定，投保人可经他人委托或不经他人委托，为特定的或不特定的他人签订保险合同。但在财产保险合同中，若未经他人委托，投保人应将该事实告知保险人，未告知的，不得以他人不知已签订保险合同的事实为由对抗保险人。

德国《保险合同法》第44条第1款规定，在投保人为第三人购买保险的情形下，被保险人可以依照保险合同享有保险权益，但只有投保人可以要求保险人交付保险单。第45条规定，无论是否载明被保险人的名称，投保人都可以以自己的名义为第三人购买保险。在投保人为第三人购买保险的情况下，如果存有疑问，即使保险合同中已经列明了第三人的姓名，也应当认为投保人并非第三人的代理人而是以自己的名义为第三人订立合同。第47条规定，在为第三人投保的情形下，除投保人知悉及其行为具有法律上的意义外，还应考虑第三人的知悉及其行为。如果投保人在被保险人不知情或无法及时通知被保险人的情形下为

其订立保险合同，则被保险人的知悉不予考虑。投保人未受被保险人的委托订立保险合同并在与保险人订立合同时未向保险人披露其未受被保险人委托事实的，保险人可以拒绝被保险人不知保险合同订立事实的抗辩。

意大利《民法典》第 1891 条规定，为他人或受益人而缔结保险的，投保人应当履行契约义务，除非根据契约性质仅能由被保险人履行。契约产生的权利属于被保险人；虽持有保单但未经被保险人明确同意的投保人，不得主张契约所产生的权利。

韩国、德国、意大利均规定了投保人是否经被保险人委托，均以自己名义订立合同，其保险费支付义务均属于投保人，其法律性质完全不同于间接代理。

三、死亡保险金是归属于"死者"还是归属于"生者"

（一）死亡保险的目的

通常情况下，买人寿保险的意义在于给受益人以保障，保障其在被保险人早逝之后的经济利益。换句话说，寿险合同对受益人因被保险人失去盈利能力而遭受的损失进行"补偿"。[①] "人寿保险的一个主要卖点就是人们需要为其受抚养者提供财务支持。一旦支持家庭或辅助支持家庭生计的人去世，健在的受抚养者在他死后的数月后就可能面临严重的困难。"[②] 人寿保险以投资作为其特征，由此，被保险人定期缴纳形成

---

① 小罗伯特・H. 杰瑞，道格拉斯・R. 里士满. 美国保险法精解 [M]. 李之彦，译. 北京：北京大学出版社，2009：10.

② 乔纳斯，朗. 保险原理：人寿、健康和年金：第 2 版 [M]. 赵凯，译. 北京：中国财政经济出版社，2004：41.

基金，该基金在被保险人死亡后向受益人支付而不是向被保险人支付。① "注意，只有那些在被保险人死亡时仍然生存的第一顺位受益人才能领取保险金；如果受益人先于被保险人死亡，其法定继承人无权领取保险金。"② "在大多数人寿保单中，有条款明确规定，如果受益人（包括不可撤销受益人）先于被保险人死亡，其权利即告终止。这一条款防止保险金自动归于不可撤销受益人的遗产，而且允许保单所有人不可撤销受益人死亡以后重新指定新的受益人。"③ 我国台湾地区有学者主张，在人身保险中，因为保险事故的发生可以请求保险给付的人，未必因为保险事故的发生而遭受损失，因此才创设了受益人的概念。而且，在死亡保险中，当保险事故发生时，被保险人已经死亡，有保险金请求权的人是被保险人以外的第三人。因此，必须创设受益人的概念。④

（二） 死亡保险给付的实践

在美国，保单一般都同时规定主受益人和第二顺序受益人。主受益人就是被保险人死亡时领取身故给付的那个人。当然，被保险人死亡时，主受益人必须仍在生存。否则，身故给付会支付给第二顺序受益人。如果同一顺序里存在 1 位以上的受益人，身故给付便需要在这些受益人中按照比例分配；如果主受益人全都先于被保险人死亡，身故给付便在第二顺序的受益人中按比例分配。⑤

---

① 约翰·F. 道宾. 美国保险法 [M]. 梁鹏，译. 北京：法律出版社，2008：50.

② 乔纳斯，朗. 保险原理：人寿、健康和年金：第 2 版 [M]. 赵凯，译. 北京：中国财政经济出版社，2004：137.

③ 乔纳斯，朗. 保险原理：人寿、健康和年金：第 2 版 [M]. 赵凯，译. 北京：中国财政经济出版社，2004：141.

④ 刘宗荣. 新保险法：保险契约法的理论与实务 [M]. 北京：中国人民大学出版社，2009：66.

⑤ 小罗伯特·H. 杰瑞，道格拉斯·R. 里士满. 美国保险法精解 [M]. 李之彦，译. 北京：北京大学出版社，2009：158 – 159.

　　1940 年全美统一州法委员会推出的《同时死亡统一示范法》规定：只要没有证据表明被保险人和受益人不是同时死亡，那么保险给付金便将按照受益人先于被保险人死亡来处理。1993 年新的《同时死亡统一示范法》规定：如无清楚、有力的证据证明死者比另一死者多存活了120 小时或以上，则视为该死者先于另一死者死亡。因此，只要被保险人与受益人在同一事故中死亡的时间间隔不超过 120 小时，受益人将被视为先于被保险人死亡。截至 2007 年，美国 17 个州外加哥伦比亚特区采用了 1993 年示范法的规定。[①]

四、结论

　　在第三章中，笔者指出死亡保险的受益人为被保险人，被保险人为保险标的人。投保人订立合同，保险标的人以其生命作为条件，其目的是为了生存的第三人的利益。故在未指定受益人即被保险人的情况下，死亡保险标的人的法定继承人为被保险人，保险金应当归属于保险标的人的法定继承人，而不是作为保险标的人的遗产。如果作为保险标的人的遗产，则需要承担保险标的人的债务；如果作为保险标的人的法定继承人的保险金，则不需要承担保险标的人的债务。

---

　　① 　小罗伯特·H. 杰瑞，道格拉斯·R. 里士满. 美国保险法精解［M］. 李之彦，译. 北京：北京大学出版社，2009：180－181.

第十三章　未注册保险卡的法律性质

一、问题的提出

注册式保险卡是一种凭卡号密码通过互联网、电话或短信等方式激活方能生效的保险产品。为了方便流通，现在市场上流行的注册式保险卡大多是不记名的，即购卡人从保险公司购买保险卡后往往不是自己注册，而是用来赠送给亲朋好友或自己的员工。为了督促持卡人尽快注册，保险公司一般都在保险卡上注明"本保险卡有效期至某年某月某日，过期作废。"在现实业务中，则产生了一系列的问题：如果保险卡注册有效期已过，保险公司如何处置预先收取的费用？如果持卡人要求延展注册期或者要求退费，保险公司应如何应对？为了回答这些问题，必须厘清未注册保险卡的法律性质。

二、不同观点及其法律后果

（一）不同观点

对于未注册保险卡的法律关系，不同学者有不同的理解，大致可概括为以下三类观点：一是关于合同成立之争，有的学者认为未注册保险卡是一种未成立的合同，有的认为形成了一种合同关系。二是关于合同效力之争，有的学者认为未注册保险卡是一种无效的合同，有的认为是一种附生效条件①的合同。三是关于合同类型之争，有的学者认为未注册保险卡是一种保险合同②，有的认为是一种买卖合同③，还有的认为是一种保险合同的预约④。

（二）法律后果

1. 合同未成立，应当恢复原状，有过失的承担赔偿责任。《合同法》第四十二条规定，当事人在订立合同的过程中，有假借订立合同恶意进行磋商，或故意隐瞒与订立合同有关的重要事实或者提供虚假情况，或有其他违背诚实信用原则的行为，给对方造成损失的，应当承担损害赔偿责任。

2. 合同无效，应当恢复原状，有过错的承担赔偿责任。《合同法》第五十八条规定，合同无效，因该合同取得的财产，应当予以返还；不能返还或者没有必要返还的，应当折价补偿。有过错的一方应当赔偿对方因此所受到的损失，双方都有过错的，应当各自承担相应的责任。

3. 合同成立并生效，如果认定为保险合同，当事人应当按照《保险法》的规定履行权利与义务；如果认定为买卖合同，当事人应当按照《合同法》关于买卖合同的规定履行权利与义务；如果认定为保险合同的预约合同，当事人可根据预约合同进行谈判、磋商，直至缔结保险合同。

---

① 宋占军. 自助保险卡法律效力分析［N］. 中国保险报，2009 – 12 – 15.
② 宋占军. 自助保险卡法律效力分析［N］. 中国保险报，2009 – 12 – 15.
③ 谢瑾. 自助保险卡销售与激活行为的法律性质［J］. 保险研究，2012（9）.
④ 偶见. 买卖自助保险卡应属签订预约保险合同［N］. 中国保险报，2009 – 12 – 21.

三、未注册保险卡的合同成立

王泽鉴先生认为："当事人对契约必要之点及非必要之点皆为合意时，契约成立。当事人对必要之点合意，而对于非必要之点，未经表示者，推定其契约成立。当事人对必要之点合意，但对业经表示之非必要之点未为合意时，契约不成立。"①

（一）未注册保险卡的必要之点

《最高人民法院关于〈中华人民共和国合同法〉若干问题的解释(二)》第一条规定："当事人对合同是否成立存在争议，人民法院能够确定当事人名称或者姓名、标的和数量的，一般应当认定合同成立。"根据上述规定，合同成立至少具备三个要素：当事人、标的和数量。

在未注册保险卡法律关系中，当事人为"购卡人"与保险公司，标的为将来一段时间内缔结保险合同，数量即购卡数。可见，未注册保险卡具备合同成立必备的三个要素。

（二）未注册保险卡的合意

合同订立一般经过要约与承诺两个阶段，根据《合同法》第二十五条、第二十六条的规定，承诺通知到达要约人时，双方意思表示一致，合同成立。根据《合同法》第二十二条，依交易习惯或者要约表明可以通过行为作出承诺的，合同以行为完成时成立。

在未注册保险卡法律关系中，关于合意可分为以下三类情况来讨论。第一种情况，要约由购卡人发出，通知保险公司要购买若干保险卡。保险公司同意购卡人的要约并通知对方，当通知到达对方时，承诺

---

① 王泽鉴. 债法原理［M］. 北京：北京大学出版社，2009：148.

生效，合同成立。第二种情况，购卡人发出要约，并说明寄出保险卡作为承诺生效的时间。在这种情况下，以保险公司寄出保险卡的时间为合同成立的时间。第三种情况，购卡人发出要约，保险公司回应必须先预交保险费。此时属于变更了要约的主要内容，保险公司为要约的发出人，如果购卡人同意预交保险费并通知保险公司，通知到达保险公司时承诺生效，合同成立。

上述三种情况并不能详尽购卡时的实际情况，但无论如何，在未注册保险卡关系中，只要购卡人拿到了保险卡，保险公司收到了一笔费用，就足以支持双方意思表示一致。

综上所述，未注册保险卡具备了合同成立的必要点，且双方达成合意，合同关系成立。

四、未注册保险卡的合同效力

合同成立后，应当关注其效力的问题。关于合同效力的认定，有两种条件：一种是实质条件，另一种是形式条件。

（一）未注册保险卡生效的实质条件

合同生效的实质条件是指合同约定的权利与义务对当事人是否有约束力的标准。根据《民法通则》第五十五条规定，合同生效的实质条件包括：当事人具有相应的民事行为能力；意思表示真实；不违反法律、行政法规的强制性规定。

我们讨论未注册保险卡的法律关系，关注的是其一般的情况，即假设当事人具有相应的民事行为能力，意思表示真实。我们之所以讨论未注册保险卡的法律关系，就是因为目前没有专门的法律或行政法规对其进行规范。为了便于讨论，我们假设未注册保险卡生效的实质条件全部满足，也就是未注册保险卡所形成的合同关系有效。

（二） 未注册保险卡生效的形式要件

合同生效的形式要件关注的是合同何时生效的问题。根据《合同法》第四十四条、第四十五条和第四十六条规定，合同生效的时间可分为三类：一是依法成立的合同，自成立时生效；二是法律、行政法规规定应当办理批准、登记等手续生效的，经批准或登记时生效；三是附条件和附期限生效的合同，当条件成就或期限到达时生效。

目前，没有专门的法律和行政法规对未注册保险卡进行规范，故未注册保险卡要么是合同成立时生效，要么是条件成就或期限到达时生效。如果购卡人与保险公司没有约定合同生效的条件和期限，合同应当从成立时生效。

有人会认为，保险卡约定了注册期限，该注册期限为未注册保险卡法律关系生效的期限，即未注册保险卡是一种附生效期限的合同。笔者认为，该观点混淆了合同生效附期限与合同履行期限。合同生效附期限中的期限是对合同生效或失效时间的约定，而履行期限是对履行合同义务的时间限制。未注册保险卡约定持卡人应当在一定期限内注册，是要求持卡人履行注册义务应当在一定时期内完成。显然，注册期限应当是合同义务的履行期限，而不是合同的生效期限。

综上所述，假设当事人具有相应的行为能力，意思表示真实，未注册保险卡合同有效；除有特别约定外，未注册保险卡应当自合同成立时生效。

五、未注册保险卡的合同类型

认定某一契约究竟属于何种法定契约类型，其主要目的在于确定任意规定或强行规定的适用。① 合同类型的认定是一个非常复杂的问题，目前司法实践大致从缔约目的与合同内容两个方面进行判断。

（一）　合同类型的认定标准

1. 缔约目的。缔约目的是指合同当事人订立合同的意图。如《国有土地使用权合同解释》第二十四条至第二十七条规定，合作开发房地产合同约定提供土地使用权的当事人不承担经营风险，只收取固定利益的，应当认定为土地使用权转让合同；约定提供资金的当事人不承担经营风险，只分配固定数量房屋的，应当认定为房屋买卖合同；约定提供资金的当事人不承担经营风险，只收取固定数额货币的，应当认定为借款合同；约定提供资金的当事人不承担经营风险，只以租赁或者其他形式使用房屋的，应当认定为房屋租赁合同。

2. 合同内容。合同内容即合同约定的当事人的权利与义务。1996年，最高人民法院《关于经济合同的名称与内容不一致如何确定管辖权问题的批复》中规定："一、当事人签订的经济合同虽具有明确、规范的名称，但合同约定的权利义务内容与名称不一致的，应当以该合同约定的权利义务内容确定合同的性质，从而确定合同的履行地和法院的管辖权。"2005年，最高人民法院《关于审理涉及国有土地使用权合同纠纷案件适用法律问题的解释》第二十六条、《关于审理建设工程施工合同纠纷案件适用法律问题的解释》第六条规定，约定提供资金的当事人不承担经营风险而只收取固定数额货币的房地产合作开发合同以及当事人约定垫资和垫资利息的建设工程合同，均应认定为借款合同。

（二）　未注册保险卡的合同类型

1. 从缔约目的来看，未注册保险卡不属于买卖合同。《合同法》第

---

① 王泽鉴. 债法原理 ［M］. 北京：北京大学出版社，2009：85.

一百三十条规定："买卖合同是出卖人转移标的物的所有权于买受人，买受人支付价款的合同。"在未注册保险卡关系中，一般情况下，购卡人购卡的目的不是为了获得保险卡的所有权。显然，未注册保险卡法律关系不属于买卖合同。

2. 从合同内容来看，未注册保险卡不属于保险合同。《保险法》第十四条规定："保险合同成立后，投保人按照约定交付保险费，保险人按照约定的时间开始承担保险责任。"未注册保险卡约定了将来一定期限内，合适的持卡人如果通过注册激活了保险卡，在一定时期内，保险公司将承担相应的保险责任。在未注册前，保险公司并未承担相应的风险。也就是说，在未注册保险卡关系中，购卡人并未将风险实际转移给保险公司。所以，未注册保险卡法律关系不属于保险合同。

六、结论

关于未注册的保险卡，可以得出结论：构成合同关系，但既不是买卖合同，也不是保险合同。那究竟是什么关系呢？笔者赞同将未注册保险卡认定为保险合同的预约[1]。

（一）未注册保险卡是保险合同的预约

"预约，乃约定将来订立一定契约的契约，本约则为履行该预约而订立的契约，故预约也是一种契约（债权契约），而以订立本约为其债务的内容。"[2]在现实经济生活中，在条件不完全成熟的情况下，通过签订预约合同来规范约束各方的行为，既有助于稳定交易机会，又有利于巩固阶段性协商结果。常见的预约形式包括意向书、允诺书、认购书、

---

① 偶见. 买卖自助保险卡应属签订预约保险合同 ［N］. 中国保险报，2009 - 12 - 21.
② 王泽鉴. 债法原理 ［M］. 北京：北京大学出版社，2009：115.

临时协议、原则性协议、谅解备忘录等。"虽说预约是一项合同，但又不同于一般合同。预约是以订立另外一项合同为标的的合同。这是预约最重要的特征。"①

未注册保险卡是在投保人、被保险人与保险标的不确定的情况下，先将保险费与保险条款确定下来，约定在一定期限内当保险合同的投保人、被保险人与保险标的确定后再缔结保险合同的合同。未注册保险卡本质上是约定将来订立保险合同的合同，完全符合预约的特征。

（二）　过期保险卡的处置

如果一方不履行预约，应当如何处理呢？关于预约的效力，现行法律没有专门规范，理论上主要有两种观点：必须磋商说和必须缔约说。所谓必须磋商说，是指当事人之间一旦缔结预约，双方就负有在未来某个时候为达成本约而进行磋商的义务。但当事人也仅负有磋商的义务，只要当事人为缔结本约进行了磋商就履行了预约的义务，是否最终缔结本约则非其所问。必须缔约说则与之相反，认为当事人仅仅为缔结本约而磋商是不够的，还必须达成本约，否则预约毫无意义，而且还容易诱发恶意缔约的道德风险。②

笔者认为，当法律未对预约进行专门的规范前，预约实际上是一种无名合同。无名合同可适用《合同法》。当保险卡注册期已过，表明持卡人未在约定的期间内履行缔约义务，保险公司可以根据《合同法》采取如下措施：

一是要求继续履行。保险公司可以要求持卡人继续履行缔结保险合同的义务。

二是要求承担违约责任。由于持卡人未在约定的注册期间注册，违

---

① 韩强. 论预约的效力与形态［J］. 华东政法学院学报，2003（1）.
② 韩强. 论预约的效力与形态［J］. 华东政法学院学报，2003（1）.

反了合同约定，保险公司可以要求其赔偿由此造成的损失。

三是解除合同。解除合同的方式包括协商解除与单方解除两种。无论采取哪种方式，根据《合同法》第九十七条的规定，合同解除后，尚未履行的，终止履行；已经履行的，根据履行情况和合同性质，当事人可以要求恢复原状。恢复原状意味着如果解除合同，持卡人有权向保险公司要求返还预先收取的保险费。

第十四章　我国真的需要保证保险吗

保证保险合同有广义和狭义之分。① 广义的保证保险合同包括针对雇主和雇员忠诚担保的诚实保证保险合同和针对合同履行担保的确实保证保险合同。狭义的保证保险合同仅是指以被保证人为投保人，被保证人的相对人即债权人为被保险人的履约保证保险合同。

一、我国保证保险的立法

我国最早的保证保险出现在 1983 年 9 月 1 日国务院颁布的《财产保险合同条例》中，该条例第二条规定："本条例所指的财产保险，包括财产保险、农业保险、责任保险、保证保险、信用保险等以财产或利益为保险标的的各种保险。"1985 年 3 月 3 日国务院发布的《保险企业管理暂行条例》第二十一条规定："本条例中下列用语的含义是：（一）人身保险：指保险企业在被保险方人身伤亡、疾病、养老或保险期满时向被保险方或其受益人给付保险金的保险。（二）人身保险以外的各种保险业务：指财产保险、农业保险、责任保险、保证保险、信用保险等业务。"1996 年 7 月 25 日中国人民银行公布《保险管理暂行规定》，将

---

① 徐卫东，陈泽桐. 保证保险合同若干法律问题研究 [J]. 当代法学，2006（5）.

保证保险列入主要险种名单。1997 年中国人民银行《关于保证保险业务的批复》（银复〔1997〕48 号）指出，保证保险业务是信用保险业务的门类之一。1999 年中国保监会《关于保证保险合同纠纷案的复函》（保监法〔1999〕第 16 号）指出："保证保险是财产保险的一种，是指由作为保证人的保险人为作为被保证人的被保险人向权利人提供担保的一种形式。"

2004 年 5 月 13 日，中国保监会发布《保险公司管理规定》（现已废止）。该规定第四十五条规定："经中国保监会核定，财产保险公司可以经营下列全部或者部分保险业务：（一）财产损失保险；（二）责任保险；（三）法定责任保险；（四）信用保险和保证保险；（五）农业保险；（六）其他财产保险业务；（七）短期健康保险和意外伤害保险；（八）上述保险业务的再保险业务。"

2009 年，我国新修订的《保险法》明确将保证保险列为财产保险的独立险种，与财产损失保险、责任保险及信用保险并列。

二、保证保险引致的问题

（一）保证保险的法律性质之争

1. 保证说。

梁慧星教授认为，保证保险为合同担保方式之一，其与保险法原理和法律规定多有不合，保证保险是以保险合同的形式来实现担保的目的，是实现担保的一种保险手段，并不是本来意义上的保险。[①] 邹海林教授主张："保证保险是指保险人向被保证人提供担保而成立的保险合同，在该合同项下，投保人按照约定向保险人支付保险费，因被保证人

---

① 梁慧星. 保证保险合同纠纷案件的法律适用［N］. 人民法院报，2006 – 03 – 01.

的行为或不行为致使被保险人（权利人）受到损失的，由保险人负责
赔偿。保证保险合同实际上属于保证合同范畴，只不过采用了保险的形
式，保证保险是一种由保险人开办的担保业务。"① 我国台湾学者袁宗
蔚也认为保证保险不是保险，其从保险合同的主体、义务类型的约束
力、损失的预想以及返还义务四个方面来论证保证保险不是保险。保证
保险合同主体是由权利人、投保人和保险人三方当事人组成，不同于普
通保险合同是由两方当事人组成即投保人与保险人。义务人是否履行义
务不受普通保险合同的约束，普通保险合同还需对被保险人的利益加以
保障，而在保证保险合同中，义务人是否履行义务则需受保险合同的约
束。在普通保险中，保费的计算依据是损失发生的概率；而在保证保险
中，保费的计算是以保险公司名义收取的手续费。在保证保险中，保险
人向权利人给付的补偿，被担保人有偿还义务；而普通保险的被保险人
无任何偿还责任。②

　　最高人民法院（1999 年）经监字第 266 号的批复：保证保险是由
保险人为投保人向被保险人（债权人）提供担保的保险，当投保人不
能履行与被保险人签订合同所规定的义务，给被保险人造成经济损失
时，由保险人按照其对投保人的承诺向被保险人承担代为补偿的责任。
因此，保证保险虽是保险人开办的一个险种，其实质是保险人对债权人
的一种担保行为。在企业借款保证保险合同中，因企业破产或倒闭，银
行向保险公司主张权利，应按借款保证合同纠纷处理，适用有关担保的
法律。2001 年 7 月 25 日最高人民法院对中国人民财产保险股份有限公
司青岛分公司与中国银行山东省分行、青岛惠德工艺品有限公司追索信
用证垫付款纠纷二审案的判决书中认定，惠德工艺品有限公司以中国银
行山东省分行为受益人向中国人民财产保险股份有限公司青岛分公司投

---

① 邹海林. 保险法 ［M］. 北京：人民法院出版社，1998：354.
② 袁宗蔚. 保险学：危险与保险 ［M］. 北京：首都经济贸易大学出版，2000：622.

保的《进口付汇履约保证保险单》，在保险公司与惠德公司、银行之间形成了保证关系，对这一关系应适用《担保法》及相关的司法解释予以调整。

2. 保险说。

樊启荣教授认为："保证保险是针对债务人不履行相关债务之事由，由保险人承担相应的风险责任，其运作规则具备危险、互助团体和损害填补之必备要素，保证保险虽与保证制度具有一定的相似之处，但它们在目的、手段、本质特征等方面存在根本上的区别。因此，保证保险本质上具有保险属性，是财产保险之一种。"[①] 韩长印、韩永强教授认为保证保险是保险：[②] 一是保证合同是附属于主债权合同的从合同，保证合同的有效以主合同的有效为前提，而保证保险是保险人与投保人订立的独立合同，并不是依附于主合同的从合同，主合同的效力并不影响保证保险合同的效力。二是保证合同一般是无偿合同，其内容由债权人的担保权利和保证人的保证义务构成。保证保险合同是以投保人支付一定数额的保险费作为对价换取保险人向第三人承担保险责任的非典型的有偿合同，其内容主要由投保人交纳保险费义务和保险人承担赔偿保险金义务构成。三是保证保险合同并没有违背保险法的基本原则。徐卫东教授认为，保证保险是财产保险合同的一种。保证保险与保证的主要区别在于保证合同是保证人为担保债务人（被保证人）履行债务而与债权人达成的合意，其当事人是主合同的债权人和保证人，被保证人不是保证合同的当事人。保证保险合同的当事人是投保人（债务人即被保证人）和保险人（相当于保证人的地位）。债权人一般不是保证保险合同的当事人，可以作为合同关系人即被保险人。[③]

---

① 樊启荣. 保险法 [M]. 北京：北京大学出版社，2011：161.

② 韩长印，韩永强. 保险法新论 [M]. 北京：中国政法大学出版社，2010：281 - 282.

③ 徐卫东，高宇. 保险法学：第二版 [M]. 北京：科学出版社，2009：277 - 278.

（二）　保证保险的投保人故意制造保险事故，保险人能否免责

按照我国《保险法》的规定，投保人、被保险人或者受益人故意制造保险事故的，保险公司有权解除保险合同，不承担赔偿或者计付保险金的责任。在保证保险中，"债务人不按约定时间履行合同"即视为保险事故发生，而作为投保人的债务人故意不向债权人履行约定的债务的，如车贷险中借款人拒不向银行还款的，算不算"故意制造保险事故"？[1]有学者主张不得免责：[2]　其一，既然在签订合同时，保险人承认投保人的债务不履行是保险事故，那么在赔付发生的时候就不能对此进行否认。这在英美法系中就是"禁反言"规则，在大陆法系中为诚信原则。如果支持保险人的该请求，实际上已经违反了保证保险设立的目的；其二，虽然我国《保险法》规定："投保人、被保险人或者受益人故意制造保险事故的，保险人有权解除保险合同，不承担赔偿或者给付保险金的责任……"但是，此法条中的"故意"的具体内容必须明确。虽然债务人不履行义务有主观意图，甚至是故意，但此故意是"违约"的故意，而非故意"制造保险事故"。

（三）　保证保险的保险人向被保险人赔偿后是否可以向投保人追偿

我国《保险法》第六十条规定："因第三者对保险标的的损害而造成保险事故的，保险人自向被保险人赔偿保险金之日起，在赔偿金额范围内代位行使被保险人对第三者请求赔偿的权利。"此处的"第三者"是否包括投保人？如果能够追偿，债务人支付了保险费，还需要承担赔偿责任，是否有违公平？

---

① 　徐卫东，陈泽桐. 保证保险合同若干法律问题研究 [J]. 当代法学，2006（5）.
② 　宋刚. 保证保险是保险，不是担保：与梁慧星先生商榷 [J]. 法学，2006（6）.

（四） 破坏保险的分类标准

梁慧星教授认为，信用保险与保证保险的"差别仅在于投保人不同，在保证保险中，投保人是借款合同的债务人，在信用保险中，投保人是借款合同的债权人。"[①]

保证保险也有投保人是债权人的。如雇员忠诚保险，投保人即是雇主。另外，我国《保险法》规定的财产损失保险、责任保险、信用保险、意外伤害保险、健康保险与人寿保险是以保险标的进行分类的，而唯独保证保险是以投保人进行分类的，导致保险的分类标准不统一。

三、我国现有险种完全能够代替保证保险

（一） 我国开办的保证保险种类

我国开办的保证保险大致包括以下四类：一是贷款类保证保险。1997 年 7 月中国人民银行批准中国平安保险试办《分期付款购车保险条款》，拉开了中国消费信贷保证保险的序幕。随后，学生助学贷款保证保险、中小企业贷款保证保险相继开办。二是工程类保证保险。我国保险主体主要开办了工程类投标保函、履约保函、预付款保函等。[②] 三是忠诚类保证保险。我国几家大型财产保险公司都开办了雇员忠诚保证保险。按照条款规定，保险人对于合同规定范围内因雇员欺诈或不诚实行为给雇主造成的经济损失承担赔偿责任。四是质量类保证保险。1994 年 8 月 12 日，中国人民保险公司正式推出产品质量保证保险。[③] 我国从

---

① 梁慧星. 保证保险合同纠纷案件的法律适用 ［N］. 人民法院报，2006 – 03 – 01.
② 何绍慰. 中国保证保险制度研究 ［M］. 北京：社会科学文献出版社，2010：24.
③ 何绍慰. 中国保证保险制度研究 ［M］. 北京：社会科学文献出版社，2010：36.

2002 年 10 月 30 日开始试行此住宅质量保证保险，目前该保险仅限于通过建设部认定的 A 级住宅，保险责任包括整体或局部倾斜、倒塌，地基超出设计要求范围的不均匀沉降，主体承重墙出现影响结构安全的裂缝，墙面、厨房和卫生间地面、地下室、管道渗漏等常见的质量问题。该保险保期为 10 年，投保费用由开发商支付，消费者在购买房屋的同时获得保单。当房屋出现质量问题时，保险人将直接向房主赔偿修理、加固或重新购置住宅所需的费用，最高赔偿金额为住宅的销售价格。

（二）　信用保险可以代替债权人投保的保证保险

信用保险是以债权人信用风险为标的的保险，一般由债权人投保。我国现有的忠诚类保证保险是以员工或职工的不诚实行为导致的损失为保险标的保险，投保人一般是企业或国家机关。不诚实行为导致的损失对企业或国家机关是一种信用风险。忠诚类保证保险完全可以改为忠诚类信用保险。

（三）　责任保险可以代替债务人投保的保证保险

我国开办的债务人投保的保证保险包括贷款类保证保险、工程类保证保险、质量类保证保险。该三类保证保险都是由债务人投保，保障债权人的信用风险。如果将该三类保证保险均改为责任保险，并根据我国《保险法》第六十五条第一款的规定："保险人对责任保险的被保险人给第三者造成的损害，可以依照法律的规定或者合同的约定，直接向该第三者赔偿保险金"，在合同中约定保险人应当直接向债权人赔偿保险金，能够解决以下三个方面的问题：一是债权人的信用风险得到了保障。二是根据违约责任保险"严格责任"的原则，投保人即债务人的违约无论是否故意，只要没有按约定履行义务，保险人均应当赔偿保险金，解决了保险人因投保人的故意行为而是否免责的问题。三是保险代位求偿权代位的是被保险人向第三方的请求权，由于责任保险的债务人既是投保人也是被保险人，当然不能向被保险人追偿，保险人不能向债务人追偿，解决了保证保险中保险人向投保人代位求偿的问题。

四、以投保人划分险种类别违背了投保人制度的初衷

笔者在第五章中对投保人制度产生的原因进行了分析。投保人制度是保险合同法的独有制度，是对代理人制度的创新，是促进保险交易的产物，集中体现了保险合同商法的属性。投保人是一种独立的主体，与保险利益无关，更不能作为保险种类划分的标准。如果以合同的债务人为投保人的保险认定为保证保险，以合同的债权人为投保人的保险认定为信用保险，那么人寿保险、财产损失保险、意外保险、健康保险、责任保险是否都可以因投保人的不同而裂变出多种保险呢？

五、结论

我国所谓以合同债务人作为投保人的保证保险引发了诸多的法律问题。一种新险种的创设，必须是现有险种的功能无法满足被保险人的需要，而我国目前开办的保证保险要么可以被信用保险代替，要么可以被责任保险代替，保证保险完全可以停止使用。

第十五章　保险合同生效的条件与时间

保险合同生效是按照保险合同的约定或者依照法律规定，在保险合同主体之间产生的特定权利和义务关系。①

一、保险合同生效的条件

（一）当事人为双方

合同是双方法律行为②，合同当事人必须为双方。没有双方当事人，就没有合同。合同当事人是指以自己的名义订立保险合同的人或组织。代理人以被代理人的名义订立保险合同，不属于保险合同的当事人。保险债的当事人一方为保险人，而另一方因保险类型而异，为方便表述，统称为保险人的相对方。

1. 保险人。保险人是指依法律、行政法规设立的保险公司以及其他保险组织。

2. 保险人的相对方。一是海上保险。保险人的相对方是以自己的

---

① 《民法通则》第八十四条。

② 王泽鉴. 民法总则 [M]. 北京：北京大学出版社，2009：208.

名义与保险人订立保险合同的人。根据《海商法》的规定，海上保险中保险人的相对方为被保险人。二是非海上保险。在非海上保险中，当投保人与被保险人合一时，保险人的相对方既是投保人也是被保险人。当投保人与被保险人分离时，保险人的相对方因保险种类不同而有所区别。在财产保险合同的订立过程中，我国《保险法》对被保险人没有特殊要求，只是在理赔时有规定①。财产保险合同不需要经过被保险人同意就能生效，所以财产保险中保险人的相对方仅为投保人。

在人身保险中，我国《保险法》对被保险人的地位有特殊要求。以死亡为给付保险金的合同，除了被保险人是未成年人可由其父母投保外，必须征求被保险人的同意②。非以死亡为给付保险金的合同，除了被保险人与投保人是子女、父母，或与投保人有抚养、赡养或者扶养关系的家庭其他成员、近亲属，或与投保人有劳动关系的劳动者以外，必须征得被保险人的同意③。如果人身保险指定受益人，所有的合同必须经过被保险人的同意④。可见，在人身保险合同订立时，如果被保险人的同意是合同生效的条件之一，则被保险人与投保人一起成为保险合同当事人的一方。

（二）保险标的适当

保险标的即风险，其应具备以下特征或条件。

1. 不确定性。保险标的必须是可能发生的，如果已经发生或不可能发生，均不符合保险标的可能性条件。

2. 偶发性。保险事故的发生非被保险人的故意。

3. 合法性。保险标的必须是受到法律保护的风险，如果是非法的

---

① 《保险法》第四十八条。
② 《保险法》第三十四条。
③ 《保险法》第三十一条。
④ 《保险法》第三十九条。

风险，不属于保险标的，如盗窃所得财物损失的风险，对于盗窃者来说即为非法风险。

（三）　外部表示达成一致

我国《合同法》第十三条规定："当事人订立合同，采取要约、承诺方式。"

1. 保险要约。

一是保险要约的内容。要约是希望和他人订立合同的意思表示。要约必须具备两个条件：第一是内容具体确定；第二是表明经受要约人的承诺，要约人即受该意思表示约束。[1] 要约不同于要约邀请，要约邀请是希望他人向自己发出要约的意思表示，寄送的价目表、拍卖公告、招标公告、招股说明书、商业广告等为要约邀请。商业广告的内容符合要约规定的，视为要约。[2]

合同要约的必备要素[3]是要约人与受要约人的名称或姓名，合同标的与数量。与之相应的，保险合同要约的必备要素[4]是保险合同要约人与受要约人的名称或姓名、保险责任、保险期间、保险金额与保险费。

二是保险要约的形式。要约可以采取书面形式、口头形式或其他形式。[5] 书面形式是指合同书、信件和数据电文（包括电报、电传、传真、电子数据交换和电子邮件）等可以有形地表现所载内容的形式。[6]法律、行政法规规定采用书面形式的，应当采用书面形式。当事人约定采用书面形式的，应当采用书面形式。[7]

---

[1] 《合同法》第十四条。
[2] 《合同法》第十五条。
[3] 《合同法司法解释（二）》第一条。
[4] 《保险法》第十八条。
[5] 《合同法》第十条。
[6] 《合同法》第十一条。
[7] 《合同法》第十条。

我国《保险法》对保险要约的形式并没有强制性的要求。实务中，为了减少纠纷，一般不采用口头形式，而采用书面形式。当要约人为投保人时，一般以投保单为要约的形式。当要约人为保险人时，一般以投标书为要约的形式。贩卖保险的自助机属于保险人要约的其他形式。

历史考察①：1995 年《保险法》颁布之前，规范保险合同的主要法律法规有 1981 年的《经济合同法》和 1983 年的《财产保险合同条例》，这两部法律法规当中均要求订立保险合同必须采用保单这一书面形式。而到 1995 年《保险法》颁布时为什么发生了变化？据樊启荣教授介绍，主要是吸取了我国台湾地区"保险法"修改的意见，尤其是我国台湾地区的保险法著名专家施文森先生的意见。我国台湾地区"保险法"在 1974 年的修正案中将保险合同定位为非要式合同，合同成立不以签发保单为条件，而在此前 1963 年的"保险法"中则是以签发保单为前提条件的。我国 1995 年颁布的《保险法》将保险合同定位于非要式合同，是为了防止保险人因故意或重大过失拖延签发保单导致保险合同没有成立而给投保人造成损害。

三是保险要约的生效。要约生效是指"要约一经相对人的承诺，契约即为成立"。② "要约生效时间主要有以下两种立法例：第一是绝大多数大陆法系国家或地区采取到达主义，侧重于维护交易安全；第二是英美法系国家则多采取发送主义，侧重于维护交易迅捷。"③ 我国合同法采取到达主义，保险要约到达受要约人时生效。采用口头形式的，保险要约即时生效。采取信件形式的，保险要约送达之日起生效。采用数据电文形式的，收件人指定特定系统接收数据电文的，该数据电文进入该特定系统的时间，视为保险要约到达时间；未指定特定系统的，该数

---

① 赵斌. 关于保险合同订立中若干难点问题的思考［J］. 保险职业学院学报，2008（5）.
② 王泽鉴. 债法原理［M］. 北京：北京大学出版社，2009：128.
③ 宋宗宇，栗旭峰. 电子合同订立法律问题研究［J］. 重庆大学学报：社会科学版，2005，11（4）.

据电文进入收件人的任何系统的首次时间，视为保险要约到达时间。①

　　四是保险要约的失效。有下列情形之一的保险要约失效：第一是拒绝保险要约的通知到达保险要约人；第二是保险要约人依法撤销要约；第三是承诺期限届满，受要约人未作出承诺；第四是受要约人对保险要约的内容作出实质性变更。②

　　保险要约未达到受要约人之前，保险要约人可以发通知撤回。撤回要约的通知应当在保险要约到达受要约人之前或者与要约同时到达受要约人。③

　　保险要约可以撤销。撤销要约的通知应当在受要约人发出承诺通知之前到达受要约人④。有下列情形之一的，要约不得撤销：其一是要约人确定了承诺期限或者以其他形式明示要约不可撤销；其二是受要约人有理由认为要约是不可撤销的，并已经为履行合同做了准备工作⑤。有关合同标的、数量、质量、价款或者报酬、履行期限、履行地点和方式、违约责任和解决争议方法等的变更，是对要约内容的实质性变更。⑥

　　2. 承诺。

　　承诺是指受要约人同意要约的意思表示。承诺的内容应当与要约的内容一致。⑦

　　一是明示承诺。承诺应当以通知的方式作出⑧，承诺应当在要约确定的期限内到达要约人⑨。要约没有确定承诺期限的，以对话方式作出

---

① 《合同法》第十六条。
② 《合同法》第二十条。
③ 《合同法》第十七条。
④ 《合同法》第十八条。
⑤ 《合同法》第十九条。
⑥ 《合同法》第三十条。
⑦ 《合同法》第三十条。
⑧ 《合同法》第二十二条。
⑨ 《合同法》第二十三条。

的，应当即时作出承诺，但当事人另有约定的除外；要约以非对话方式作出的，承诺应当在合理期限内到达。要约以信件或者电报作出的，承诺期限自信件载明的日期或者电报交发之日开始计算。信件未载明日期的，自投寄该信件的邮戳日期开始计算。要约以电话、传真等快速通信方式作出的，承诺期限自要约到达受要约人时开始计算。①

二是默示承诺。根据交易习惯或者要约表明可以通过行为作出承诺②。下列情形，不违反法律、行政法规强制性规定的，人民法院可以认定为合同法所称的"交易习惯"：第一是在交易行为当地或者某一领域、某一行业通常采用并为交易对方订立合同时所知道或者应当知道的做法；二是当事人双方经常使用的习惯做法。对于交易习惯，由提出主张的一方当事人承担举证责任。③

当事人未以书面形式或者口头形式订立合同，但从双方从事的民事行为能够推定双方有订立合同意愿的，人民法院可以认定是以《合同法》第十条第一款中的"其他形式"订立的合同。但法律另有规定的除外。④

三是承诺生效。受要约人在承诺期限内发出承诺，按照通常情形能够及时到达要约人，但因其他原因承诺到达要约人时超过承诺期限的，除要约人及时通知受要约人因承诺超过期限不接受该承诺的以外，该承诺有效。⑤

承诺对要约的内容作出非实质性变更的，除要约人及时表示反对或者要约表明承诺不得对要约的内容作出任何变更的以外，该承诺有效，合同的内容以承诺的内容为准。⑥

---

① 《合同法》第二十四条。
② 《合同法》第二十二条。
③ 《合同法司法解释二》第七条。
④ 《合同法司法解释二》第二条。
⑤ 《合同法》第二十九条。
⑥ 《合同法》第三十一条。

四是承诺失效。承诺可以撤回。撤回承诺的通知应当在承诺通知到达要约人之前或者与承诺通知同时到达要约人。① 受要约人超过承诺期限发出承诺的，除要约人及时通知受要约人该承诺有效的以外，为新要约。② 承诺对要约的内容作出实质性变更，为新要约。③

（四） 内心意思无瑕疵

1. 行为意思。

当事人订立合同，应当具有相应的民事权利能力和民事行为能力。④

一是自然人投保人。投保人为自然人的情况下，投保人如果是完全行为能力人⑤，可以亲自或委托代理人订立保险合同。投保人如果是限制民事行为能力人⑥⑦或无民事行为能力人⑧，应当由其法定代理人代理或追认。

限制民事行为能力人订立的合同，经法定代理人追认后，该合同有效，但纯获利益的合同或者与其年龄、智力、精神健康状况相适应而订立的合同，不必经法定代理人追认。相对人可以催告法定代理人在 1 个月内予以追认。法定代理人未作表示的，视为拒绝追认。合同被追认之前，善意相对人有撤销的权利。撤销应当以通知的方式作出。⑨ 追认的意思表示自到达相对人时生效，合同自订立时起生效。⑩

---

① 《合同法》第二十七条。
② 《合同法》第二十八条。
③ 《合同法》第三十条。
④ 《合同法》第九条。
⑤ 《民法通则》第十一条。
⑥ 《民法通则》第十二条。
⑦ 《民法通则》第十三条。
⑧ 《民法通则》第十三条。
⑨ 《合同法》第四十七条。
⑩ 《合同法司法解释（二）》第十一条。

行为人没有代理权、超越代理权或者代理权终止后以被代理人名义订立合同，相对人有理由相信行为人有代理权的，该代理行为有效。

在中华人民共和国境内的法人和其他组织需要办理境内保险的，应当向中华人民共和国境内的保险公司投保。当事人超越经营范围订立合同，人民法院不因此认定合同无效。但违反国家限制经营、特许经营以及法律、行政法规禁止经营规定的除外。①

二是人身保险中具有同意权的被保险人。投保人不得为无民事行为能力人投保以死亡为给付保险金条件的人身保险，保险人也不得承保。父母为其未成年子女投保的人身保险，不受前款规定限制。但是，因被保险人死亡给付的保险金总和不得超过国务院保险监督管理机构规定的限额。②

三是法人或其他组织的投保人。法人③的民事权利能力和民事行为能力，从法人成立时产生，到法人终止时消灭。法人可以委托代理人④订立保险合同，也可以由其法定代表人⑤或负责人订立保险合同。法人或者其他组织的法定代表人、负责人超越权限订立的合同，除相对人知道或者应当知道其超越权限的以外，该代表行为有效。⑥

四是保险人。保险业务由依照《保险法》设立的保险公司以及法律、行政法规规定的其他保险组织经营，其他单位和个人不得经营保险业务。⑦ 保险公司及其他保险组织可以委托代理人订立保险合同，也可以由其法定代表人或负责人订立保险合同。

2. 效果意思。

《保险法》第十六条规定，订立保险合同，保险人就保险标的或者

---

① 《合同法司法解释（一）》第十条。
② 《保险法》第三十三条。
③ 《民法通则》第三十六条。
④ 《合同法》第九条。
⑤ 《民法通则》第三十八条。
⑥ 《合同法》第五十条。
⑦ 《保险法》第六条。

被保险人的有关情况提出询问的，投保人应当如实告知。投保人故意或者因重大过失未履行前款规定的如实告知义务，足以影响保险人决定是否同意承保或者提高保险费率的，保险人有权解除合同。前款规定的合同解除权，自保险人知道有解除事由之日起，超过三十日不行使而消灭。自合同成立之日起超过二年的，保险人不得解除合同；发生保险事故的，保险人应当承担赔偿或者给付保险金的责任。投保人故意不履行如实告知义务的，保险人对于合同解除前发生的保险事故，不承担赔偿或者给付保险金的责任，并不退还保险费。投保人因重大过失未履行如实告知义务，对保险事故的发生有严重影响的，保险人对于合同解除前发生的保险事故，不承担赔偿或者给付保险金的责任，但应当退还保险费。保险人在合同订立时已经知道投保人未如实告知的情况的，保险人不得解除合同；发生保险事故的，保险人应当承担赔偿或者给付保险金的责任。保险事故是指保险合同约定的保险责任范围内的事故。

《保险法》第十七条规定，订立保险合同，采用保险人提供的格式条款的，保险人向投保人提供的投保单应当附格式条款，保险人应当向投保人说明合同的内容。对保险合同中免除保险人责任的条款，保险人在订立合同时应当在投保单、保险单或者其他保险凭证上作出足以引起投保人注意的提示，并对该条款的内容以书面或者口头形式向投保人作出明确说明；未作提示或者明确说明的，该条款不产生效力。

《保险法》第三十二条规定，投保人申报的被保险人年龄不真实，并且其真实年龄不符合合同约定的年龄限制的，保险人可以解除合同，并按照合同约定退还保险单的现金价值。投保人申报的被保险人年龄不真实，致使投保人支付的保险费少于应付保险费的，保险人有权更正并要求投保人补交保险费，或者在给付保险金时按照实付保险费与应付保险费的比例支付。投保人申报的被保险人年龄不真实，致使投保人支付的保险费多于应付保险费的，保险人应当将多收的保险费退还投保人。

二、保险合同生效的时间

（一）合同成立

1. 承诺生效。承诺生效时合同成立。① 承诺通知到达要约人时生效。承诺不需要通知的，根据交易习惯或者要约的要求作出承诺的行为时生效。② 《保险法》第十三条规定，投保人提出保险要求，经保险人同意承保，保险合同成立。保险人应当及时向投保人签发保险单或者其他保险凭证。保险单或者其他保险凭证应当载明当事人双方约定的合同内容。当事人也可以约定采用其他书面形式载明合同内容。

2. 合同书签字或盖章。当事人采用合同书形式订立合同的，自双方当事人签字或者盖章时合同成立。③ 当事人采用合同书形式订立合同的，应当签字或者盖章。当事人在合同书上摁手印的，人民法院应当认定其具有与签字或者盖章同等的法律效力。④

3. 确认书的签订。当事人采用信件、数据电文等形式订立合同的，可以在合同成立之前要求签订确认书。签订确认书时合同成立。⑤

4. 意思实现。法律、行政法规规定或者当事人约定采用书面形式订立合同，当事人未采用书面形式但一方已经履行主要义务，对方接受的，该合同成立。⑥ 采用合同书形式订立合同，在签字或者盖章之前，当事人一方已经履行主要义务，对方接受的，该合同成立。⑦

---

① 《合同法》第二十五条。
② 《合同法》第二十六条。
③ 《合同法》第三十二条。
④ 《合同法司法解释（二）》第五条。
⑤ 《合同法》第三十三条。
⑥ 《合同法》第三十六条。
⑦ 《合同法》第三十七条。

（二）　条件成就

当事人对合同的效力可以约定附条件。附生效条件的合同，自条件成就时生效。当事人为自己的利益不正当地阻止条件成就的，视为条件已成就；不正当地促成条件成就的，视为条件不成就。①

（三）　期限届至

当事人对合同的效力可以约定附期限。附生效期限的合同，自期限届至时生效。②

三、保险合同的无效

（一）　保险合同无效的类型

无效的合同或者被撤销的合同自始没有法律约束力。合同部分无效，不影响其他部分效力的，其他部分仍然有效。③ 合同无效、被撤销或者终止的，不影响合同中独立存在的有关解决争议方法的条款的效力。④

1. 绝对无效。

绝对无效是指合同效力自始无效。一般合同中的下列免责条款无效：造成对方人身伤害的；恶意串通，损害国家、集体或者第三人利益；以合法形式掩盖非法目的；损害社会公共利益违反法律、行政法规的强制性规定。

---

① 《合同法》第四十五条。
② 《合同法》第四十六条。
③ 《合同法》第五十六条。
④ 《合同法》第五十七条。

采用保险人提供的格式条款订立的保险合同中的下列条款无效：免除保险人依法应承担的义务或者加重投保人、被保险人责任的；排除投保人、被保险人或者受益人依法享有的权利的。[①] 保险金额不得超过保险价值。超过保险价值的，超过部分无效，保险人应当退还相应的保险费。[②] 人身保险中被保险人不具备保险利益的，保险合同无效。

一方当事人向对方当事人提出民事权利的要求，对方未用语言或者文字明确表示意见，但其行为表明已接受的，可以认定为默示。不作为的默示只有在法律有规定或者当事人双方有约定的情况下，才可以视为意思表示。间歇性精神病人的民事行为，确能证明是在发病期间实施的，应当认定无效。行为人在神志不清的状态下所实施的民事行为，应当认定无效。[③]

2. 被撤销。

一是撤销的条件。下列合同，当事人一方有权请求人民法院或者仲裁机构变更或者撤销：因重大误解订立的；在订立合同时显失公平的。一方以欺诈、胁迫的手段或者乘人之危，使对方在违背真实意思的情况下订立的合同，受损害方有权请求人民法院或者仲裁机构变更或者撤销。[④]

二是撤销的方式。当事人请求变更的，人民法院或者仲裁机构不得撤销。有下列情形之一的，撤销权消灭：具有撤销权的当事人自知道或者应当知道撤销事由之日起一年内没有行使撤销权；具有撤销权的当事人知道撤销事由后明确表示或者以自己的行为放弃撤销权。[⑤]

一方当事人故意告知对方虚假情况，或者故意隐瞒真实情况，诱

---

① 《保险法》第十九条。

② 《保险法》第五十五条。

③ 《最高人民法院关于贯彻执行〈中华人民共和国民法通则〉若干问题的意见》（试行）第66条、第67条。

④ 《合同法》第五十四条。

⑤ 《合同法》第五十五条。

使对方当事人作出错误意思表示的，可以认定为欺诈行为。以给公民及其亲友的生命健康、荣誉、名誉、财产等造成损失或者以给法人的荣誉、名誉、财产等造成损害为要挟，迫使对方作出违背真实的意思表示的，可以认定为胁迫行为。一方当事人乘对方处于危难之机，为牟取不正当利益，迫使对方作出不真实的意思表示，严重损害对方利益的，可以认定为乘人之危。行为人因对行为的性质、对方当事人、标的物的品种、质量、规格和数量等的错误认识，使行为的后果与自己的意思相悖，并造成较大损失的，可以认定为重大误解。一方当事人利用优势或者利用对方没有经验，致使双方的权利义务明显违反公平、等价有偿原则的，可以认定为显失公平。对于重大误解或者显失公平的民事行为，当事人请求变更的，人民法院应当予以变更；当事人请求撤销的，人民法院可以酌情予以变更或者撤销。可变更或者可撤销的民事行为，自行为成立时起超过一年当事人才请求变更或撤销的，人民法院不予保护。①

3. 未被追认。

行为人没有代理权、超越代理权或者代理权终止后以被代理人名义订立的合同，未经被代理人追认，对被代理人不发生效力，由行为人承担责任。相对人可以催告被代理人在一个月内予以追认。被代理人未作表示的，视为拒绝追认。合同被追认之前，善意相对人有撤销的权利。撤销应当以通知的方式作出。② 根据《合同法》第四十七条、第四十八条的规定，追认的意思表示自到达相对人时生效，合同自订立时起生效。③ 无权代理人以被代理人的名义订立合同，被代理人已经开始履行

---

① 《最高人民法院关于贯彻执行〈中华人民共和国民法通则〉若干问题的意见》（试行）第68条、第69条、第70条、第71条、第72条、第73条。

② 《合同法》第四十八条。

③ 《最高人民法院关于适用〈中华人民共和国合同法〉若干问题的解释（二）》第十一条。

合同义务的，视为对合同的追认。①

行为人没有代理权、超越代理权或者代理权终止后以被代理人名义订立合同，相对人有理由相信行为人有代理权的，该代理行为有效。②

（二）保险债无效的后果

1. 不当得利。

没有合法根据，取得不当利益，造成他人损失的，应当将取得的不当利益返还受损失的人。合同无效或者被撤销后，因该合同取得的财产，应当予以返还；不能返还或者没有必要返还的，应当折价补偿。③《民法通则》第六十一条第二款中的"双方取得的财产"，应当包括双方当事人已经取得和约定取得的财产。

2. 缔约过失。

当事人在订立合同的过程中有下列情形之一，给对方造成损失的，应当承担损害赔偿责任：假借订立合同，恶意进行磋商；故意隐瞒与订立合同有关的重要事实或者提供虚假情况；有其他违背诚实信用原则的行为。有过错的一方应当赔偿对方因此所受到的损失，双方都有过错的，应当各自承担相应的责任。④当事人恶意串通，损害国家、集体或者第三人利益的，因此取得的财产收归国家所有或者返还集体、第三人。⑤

民事行为被确认为无效或者被撤销后，当事人因该行为取得的财产，应当返还给受损失的一方。有过错的一方应当赔偿对方因此所遭受

---

① 《最高人民法院关于适用〈中华人民共和国合同法〉若干问题的解释（二）》第十二条。
② 《合同法》第四十九条。
③ 《合同法》第五十八条。
④ 《合同法》第五十八条。
⑤ 《合同法》第五十九条。

的损失，双方都有过错的，应当各自承担相应的责任。双方恶意串通，实施民事行为损害国家的、集体的或者第三人的利益的，应当追缴双方取得的财产，收归国家、集体所有或者返还第三人。[①]

[①] 《民法通则》第六十一条。

附录

《保险法》及《〈保险法〉司法解释》
修改建议对照表

序号	《保险法》规定	修改建议
1	第十二条　人身保险的投保人在保险合同订立时，对被保险人应当具有保险利益。 　　财产保险的被保险人在保险事故发生时，对保险标的应当具有保险利益。 　　人身保险是以人的寿命和身体为保险标的的保险。 　　财产保险是以财产及其有关利益为保险标的的保险。 　　被保险人是指其财产或者人身受保险合同保障，享有保险金请求权的人。投保人可以为被保险人。 　　保险利益是指投保人或者被保险人对保险标的具有的法律上承认的利益。	第十二条　人身保险的被保险人在保险合同订立时，对保险标的应当具有保险利益。 　　财产保险的被保险人在保险事故发生时，对保险标的应当具有保险利益。 　　人身保险是以人的寿命和身体所致损失的风险为保险标的的保险。 　　财产保险是以财产损失的风险为保险标的的保险。 　　被保险人是指其风险受保险合同保障，享有保险金请求权的人。投保人可以为被保险人。 　　保险标的是指保险合同交易的对象即风险。 　　保险标的人是指保险标的的附着的人。 　　保险利益是指被保险人对保险标的的具有所有者关系。
2	第十六条　订立保险合同，保险人就保险标的或者被保险人的有关情况提出询问的，投保人应当如实告知。	第十六条　订立保险合同，保险人就保险标的的有关情况提出询问的，投保人应当如实告知。

168

续表

序号	《保险法》规定	修改建议
3	第十八条 保险合同应当包括下列事项： （一）保险人的名称和住所； （二）投保人、被保险人的姓名或者名称、住所，以及人身保险的受益人的姓名或者名称、住所； （三）保险标的； （四）保险责任和责任免除； （五）保险期间和保险责任开始时间； （六）保险金额； （七）保险费以及支付办法； （八）保险金赔偿或者给付办法； （九）违约责任和争议处理； （十）订立合同的年、月、日。 投保人和保险人可以约定与保险有关的其他事项。 受益人是指人身保险合同中由被保险人或者投保人指定的享有保险金请求权的人。投保人、被保险人可以为受益人。 保险金额是指保险人承担赔偿或者给付保险金责任的最高限额。	第十八条 保险合同应当包括下列事项： （一）保险人的名称和住所； （二）投保人、被保险人的姓名或者名称、住所； （三）保险标的物或保险标的人； （四）保险责任和责任免除； （五）保险期间和保险责任开始时间； （六）保险金额； （七）保险费以及支付办法； （八）保险金赔偿或者给付办法； （九）违约责任和争议处理； （十）订立合同的年、月、日。 投保人和保险人可以约定与保险有关的其他事项。 以死亡为给付条件的人身保险的被保险人由投保人与保险标的人指定。投保人可以为被保险人。 保险金额是指保险人承担赔偿或者给付保险金责任的最高限额。
4	第十九条 采用保险人提供的格式条款订立的保险合同中的下列条款无效： （一）免除保险人依法应承担的义务或者加重投保人、被保险人责任的； （二）排除投保人、被保险人或者受益人依法享有的权利的。	第十九条 采用保险人提供的格式条款订立的保险合同中的下列条款无效： （一）免除保险人依法应承担的义务或者加重投保人、被保险人责任的； （二）排除投保人、被保险人依法享有的权利的。
5	第二十一条 投保人、被保险人或者受益人知道保险事故发生后，应当及时通知保险人。故意或者因重大过失未及时通知，致使保险事故的性质、原因、损失程度等难以确定的，保险人对无法确定的部分，不承担赔偿或者给付保险金的责任，但保险人通过其他途径已经及时知道或者应当及时知道保险事故发生的除外。	第二十一条 被保险人知道保险事故发生后，应当及时通知保险人。故意或者因重大过失未及时通知，致使保险事故的性质、原因、损失程度等难以确定的，保险人对无法确定的部分，不承担赔偿或者给付保险金的责任，但保险人通过其他途径已经及时知道或者应当及时知道保险事故发生的除外。

序号	《保险法》规定	修改建议
6	第二十二条 保险事故发生后，按照保险合同请求保险人赔偿或者给付保险金时，投保人、被保险人或者受益人应当向保险人提供其所能提供的与确认保险事故的性质、原因、损失程度等有关的证明和资料。 保险人按照合同的约定，认为有关的证明和资料不完整的，应当及时一次性通知投保人、被保险人或者受益人补充提供。	第二十二条 保险事故发生后，按照保险合同请求保险人赔偿或者给付保险金时，被保险人应当向保险人提供其所能提供的与确认保险事故的性质、原因、损失程度等有关的证明和资料。 保险人按照合同的约定，认为有关的证明和资料不完整的，应当及时一次性通知被保险人补充提供。
7	第二十三条 保险人收到被保险人或者受益人的赔偿或者给付保险金的请求后，应当及时作出核定；情形复杂的，应当在三十日内作出核定，但合同另有约定的除外。保险人应当将核定结果通知被保险人或者受益人；对属于保险责任的，在与被保险人或者受益人达成赔偿或者给付保险金的协议后十日内，履行赔偿或者给付保险金义务。保险合同对赔偿或者给付保险金的期限有约定的，保险人应当按照约定履行赔偿或者给付保险金义务。 保险人未及时履行前款规定义务的，除支付保险金外，应当赔偿被保险人或者受益人因此受到的损失。 任何单位和个人不得非法干预保险人履行赔偿或者给付保险金的义务，也不得限制被保险人或者受益人取得保险金的权利。	第二十三条 保险人收到被保险人的赔偿或者给付保险金的请求后，应当及时作出核定；情形复杂的，应当在三十日内作出核定，但合同另有约定的除外。保险人应当将核定结果通知被保险人；对属于保险责任的，在与被保险人达成赔偿或者给付保险金的协议后十日内，履行赔偿或者给付保险金义务。保险合同对赔偿或者给付保险金的期限有约定的，保险人应当按照约定履行赔偿或者给付保险金义务。 保险人未及时履行前款规定义务的，除支付保险金外，应当赔偿被保险人因此受到的损失。 任何单位和个人不得非法干预保险人履行赔偿或者给付保险金的义务，也不得限制被保险人取得保险金的权利。
8	第二十四条 保险人依照本法第二十三条的规定作出核定后，对不属于保险责任的，应当自作出核定之日起三日内向被保险人或者受益人发出拒绝赔偿或者拒绝给付保险金通知书，并说明理由。	第二十四条 保险人依照本法第二十三条的规定作出核定后，对不属于保险责任的，应当自作出核定之日起三日内向被保险人发出拒绝赔偿或者拒绝给付保险金通知书，并说明理由。

序号	《保险法》规定	修改建议
9	第二十六条　人寿保险以外的其他保险的被保险人或者受益人，向保险人请求赔偿或者给付保险金的诉讼时效期间为二年，自其知道或者应当知道保险事故发生之日起计算。 人寿保险的被保险人或者受益人向保险人请求给付保险金的诉讼时效期间为五年，自其知道或者应当知道保险事故发生之日起计算。	第二十六条　人寿保险以外的其他保险的被保险人，向保险人请求赔偿或者给付保险金的诉讼时效期间为二年，自其知道或者应当知道保险事故发生之日起计算。 人寿保险的被保险人向保险人请求给付保险金的诉讼时效期间为五年，自其知道或者应当知道保险事故发生之日起计算。
10	第二十七条　未发生保险事故，被保险人或者受益人谎称发生了保险事故，向保险人提出赔偿或者给付保险金请求的，保险人有权解除合同，并不退还保险费。 投保人、被保险人故意制造保险事故的，保险人有权解除合同，不承担赔偿或者给付保险金的责任；除本法第四十三条规定外，不退还保险费。 保险事故发生后，投保人、被保险人或者受益人以伪造、变造的有关证明、资料或者其他证据，编造虚假的事故原因或者夸大损失程度的，保险人对其虚报的部分不承担赔偿或者给付保险金的责任。 投保人、被保险人或者受益人有前三款规定行为之一，致使保险人支付保险金或者支出费用的，应当退回或者赔偿。	第二十七条　未发生保险事故，被保险人谎称发生了保险事故，向保险人提出赔偿或者给付保险金请求的，保险人有权解除合同，并不退还保险费。 被保险人故意制造保险事故的，保险人有权解除合同，不承担赔偿或者给付保险金的责任；除本法第四十三条规定外，不退还保险费。 保险事故发生后，被保险人以伪造、编造的有关证明、资料或者其他证据，编造虚假的事故原因或者夸大损失程度的，保险人对其虚报的部分不承担赔偿或者给付保险金的责任。 被保险人有前三款规定行为之一，致使保险人支付保险金或者支出费用的，应当退回或者赔偿。
11	第二十九条　再保险接受人不得向原保险的投保人要求支付保险费。 原保险的被保险人或者受益人不得向再保险接受人提出赔偿或者给付保险金的请求。 再保险分出人不得以再保险接受人未履行再保险责任为由，拒绝履行或者迟延履行其原保险责任。	第二十九条　再保险接受人不得向原保险的投保人要求支付保险费。 原保险的被保险人不得向再保险接受人提出赔偿或者给付保险金的请求。 再保险分出人不得以再保险接受人未履行再保险责任为由，拒绝履行或者迟延履行其原保险责任。

序号	《保险法》规定	修改建议
12	第三十条 采用保险人提供的格式条款订立的保险合同,保险人与投保人、被保险人或者受益人对合同条款有争议的,应当按照通常理解予以解释。对合同条款有两种以上解释的,人民法院或者仲裁机构应当作出有利于被保险人和受益人的解释。	第三十条 采用保险人提供的格式条款订立的保险合同,保险人与投保人、被保险人对合同条款有争议的,应当按照通常理解予以解释。对合同条款有两种以上解释的,人民法院或者仲裁机构应当作出有利于被保险人的解释。
13	第三十一条 投保人对下列人员具有保险利益: (一)本人; (二)配偶、子女、父母; (三)前项以外与投保人有抚养、赡养或者扶养关系的家庭其他成员、近亲属; (四)与投保人有劳动关系的劳动者。 除前款规定外,被保险人同意投保人为其订立合同的,视为投保人对被保险人具有保险利益。 订立合同时,投保人对被保险人不具有保险利益的,合同无效。	第三十一条 订立合同时,被保险人对保险标的不具有保险利益的,合同无效。
14	第三十三条 投保人不得为无民事行为能力人投保以死亡为给付保险金条件的人身保险,保险人也不得承保。 父母为其未成年子女投保的人身保险,不受前款规定限制。但是,因被保险人死亡给付的保险金总和不得超过国务院保险监督管理机构规定的限额。	第三十三条 投保人不得为无民事行为能力人投保以死亡为给付保险金条件的人身保险,保险人也不得承保。 父母为其未成年子女投保的人身保险,不受前款规定限制。但是,因保险标的人死亡给付的保险金总和不得超过国务院保险监督管理机构规定的限额。
15	第三十四条 以死亡为给付保险金条件的合同,未经被保险人同意并认可保险金额的,合同无效。 按照以死亡为给付保险金条件的合同所签发的保险单,未经被保险人书面同意,不得转让或者质押。 父母为其未成年子女投保的人身保险,不受本条第一款规定限制。	第三十四条 以死亡为给付保险金条件的合同,未经保险标的人同意并认可保险金额的,合同无效。 按照以死亡为给付保险金条件的合同所签发的保险单,未经保险标的人书面同意,不得转让或者质押。 父母为其未成年子女投保的人身保险,不受本条第一款规定限制。

续表

序号	《保险法》规定	修改建议
16	第三十九条　人身保险的受益人由被保险人或者投保人指定。 投保人指定受益人时须经被保险人同意。投保人为与其有劳动关系的劳动者投保人身保险，不得指定被保险人及其近亲属以外的人为受益人。 被保险人为无民事行为能力人或者限制民事行为能力人的，可以由其监护人指定受益人。	第三十九条　以死亡为给付条件的人身保险的被保险人由保险标的人与投保人指定。 投保人指定被保险人时须经保险标的人同意。投保人为与其有劳动关系的劳动者投保以死亡为给付条件的人身保险，不得指定保险标的人近亲属以外的人为被保险人。 保险标的人为无民事行为能力人或者限制民事行为能力人的，可以由其监护人指定被保险人。
17	第四十条　被保险人或者投保人可以指定一人或者数人为受益人。 受益人为数人的，被保险人或者投保人可以确定受益顺序和受益份额；未确定受益份额的，受益人按照相等份额享有受益权。	第四十条　在以死亡为给付条件的人身保险中，保险标的人与投保人可以指定一人或者数人为被保险人。 被保险人为数人的，保险标的人与投保人可以确定受益顺序和受益份额；未确定受益份额的，被保险人按照相等份额享有受益权。
18	第四十一条　被保险人或者投保人可以变更受益人并书面通知保险人。保险人收到变更受益人的书面通知后，应当在保险单或者其他保险凭证上批注或者附贴批单。 投保人变更受益人时须经被保险人同意。	第四十一条　保险标的人与投保人可以变更以死亡为给付条件的人身险的被保险人并书面通知保险人。保险人收到变更被保险人的书面通知后，应当在保险单或者其他保险凭证上批注或者附贴批单。 投保人变更以死亡为给付条件的人身保险的被保险人时须经保险标的人同意。
19	第四十二条　被保险人死亡后，有下列情形之一的，保险金作为被保险人的遗产，由保险人依照《中华人民共和国继承法》的规定履行给付保险金的义务： （一）没有指定受益人，或者受益人指定不明无法确定的； （二）受益人先于被保险人死亡，没有其他受益人的； （三）受益人依法丧失受益权或者放弃受益权，没有其他受益人的。 受益人与被保险人在同一事件中死亡，且不能确定死亡先后顺序的，推定受益人死亡在先。	第四十二条　保险标的人死亡后，有下列情形之一的，保险标的人的法定继承人为被保险人，由保险人依照《中华人民共和国继承法》的规定履行给付保险金的义务： （一）没有指定被保险人，或者被保险人指定不明无法确定的； （二）被保险人先于保险标的人死亡，没有其他被保险人的； （三）被保险人依法丧失受益权或者放弃受益权，没有其他被保险人的。 被保险人与保险标的人在同一事件中死亡，且不能确定死亡先后顺序的，推定被保险人死亡在先。

序号	《保险法》规定	修改建议
20	第四十三条　投保人故意造成被保险人死亡、伤残或者疾病的，保险人不承担给付保险金的责任。投保人已交足二年以上保险费的，保险人应当按照合同约定向其他权利人退还保险单的现金价值。 受益人故意造成被保险人死亡、伤残、疾病的，或者故意杀害被保险人未遂的，该受益人丧失受益权。	第四十三条　投保人故意造成保险标的人死亡、伤残或者疾病的，保险人不承担给付保险金的责任。投保人已交足二年以上保险费的，保险人应当按照合同约定向其他权利人退还保险单的现金价值。 被保险人故意造成保险标的人死亡、伤残、疾病的，或者故意杀害保险标的人未遂的，该被保险人丧失受益权。
21	第四十四条　以被保险人死亡为给付保险金条件的合同，自合同成立或者合同效力恢复之日起二年内，被保险人自杀的，保险人不承担给付保险金的责任，但被保险人自杀时为无民事行为能力人的除外。 保险人依照前款规定不承担给付保险金责任的，应当按照合同约定退还保险单的现金价值。	第四十四条　以保险标的人死亡为给付保险金条件的合同，自合同成立或者合同效力恢复之日起二年内，保险标的人自杀的，保险人不承担给付保险金的责任，但保险标的人自杀时为无民事行为能力人的除外。 保险人依照前款规定不承担给付保险金责任的，应当按照合同约定退还保险单的现金价值。
22	第四十五条　因被保险人故意犯罪或者抗拒依法采取的刑事强制措施导致其伤残或者死亡的，保险人不承担给付保险金的责任。投保人已交足二年以上保险费的，保险人应当按照合同约定退还保险单的现金价值。	第四十五条　因保险标的人故意犯罪或者抗拒依法采取的刑事强制措施导致其伤残或者死亡的，保险人不承担给付保险金的责任。投保人已交足二年以上保险费的，保险人应当按照合同约定退还保险单的现金价值。
23	第四十六条　被保险人因第三者的行为而发生死亡、伤残或者疾病等保险事故的，保险人向被保险人或者受益人给付保险金后，不享有向第三者追偿的权利，但被保险人或者受益人仍有权向第三者请求赔偿。	第四十六条　保险标的人因第三者的行为而发生死亡、伤残或者疾病等保险事故的，保险人向被保险人给付保险金后，不享有向第三者追偿的权利，但被保险人仍有权向第三者请求赔偿。

序号	《保险法》规定	修改建议
24	第四十九条　保险标的转让的，保险标的的受让人承继被保险人的权利和义务。 保险标的转让的，被保险人或者受让人应当及时通知保险人，但货物运输保险合同和另有约定的合同除外。 因保险标的的转让导致危险程度显著增加的，保险人自收到前款规定的通知之日起三十日内，可以按照合同约定增加保险费或者解除合同。保险人解除合同的，应当将已收取的保险费，按照合同约定扣除自保险责任开始之日起至合同解除之日止应收的部分后，退还投保人。 被保险人、受让人未履行本条第二款规定的通知义务的，因转让导致保险标的的危险程度显著增加而发生的保险事故，保险人不承担赔偿保险金的责任。	第四十九条　保险标的物转让的，保险标的物的受让人承继被保险人的权利和义务。 保险标的物转让的，被保险人或者受让人应当及时通知保险人，但货物运输保险合同和另有约定的合同除外。 因保险标的物转让导致危险程度显著增加的，保险人自收到前款规定的通知之日起三十日内，可以按照合同约定增加保险费或者解除合同。保险人解除合同的，应当将已收取的保险费，按照合同约定扣除自保险责任开始之日起至合同解除之日止应收的部分后，退还投保人。 被保险人、受让人未履行本条第二款规定的通知义务的，因转让导致保险标的物危险程度显著增加而发生的保险事故，保险人不承担赔偿保险金的责任。
25	第五十一条　被保险人应当遵守国家有关消防、安全、生产操作、劳动保护等方面的规定，维护保险标的的安全。 保险人可以按照合同约定对保险标的的安全状况进行检查，及时向投保人、被保险人提出消除不安全因素和隐患的书面建议。 投保人、被保险人未按照约定履行其对保险标的的安全应尽责任的，保险人有权要求增加保险费或者解除合同。 保险人为维护保险标的的安全，经被保险人同意，可以采取安全预防措施。	第五十一条　被保险人应当遵守国家有关消防、安全、生产操作、劳动保护等方面的规定，维护保险标的物的安全。 保险人可以按照合同约定对保险标的物的安全状况进行检查，及时向被保险人提出消除不安全因素和隐患的书面建议。 被保险人未按照约定履行其对保险标的物的安全应尽责任的，保险人有权要求增加保险费或者解除合同。 保险人为维护保险标的物的安全，经被保险人同意，可以采取安全预防措施。
26	第五十二条　在合同有效期内，保险标的的危险程度显著增加的，被保险人应当按照合同约定及时通知保险人，保险人可以按照合同约定增加保险费或者解除合同。保险人解除合同的，应当将已收取的保险费，按照合同约定扣除自保险责任开始之日起至合同解除之日止应收的部分后，退还投保人。	第五十二条　在合同有效期内，保险标的物的危险程度显著增加的，被保险人应当按照合同约定及时通知保险人，保险人可以按照合同约定增加保险费或者解除合同。保险人解除合同的，应当将已收取的保险费，按照合同约定扣除自保险责任开始之日起至合同解除之日止应收的部分后，退还投保人。

序号	《保险法》规定	修改建议
26	被保险人未履行前款规定的通知义务的，因保险标的的危险程度显著增加而发生的保险事故，保险人不承担赔偿保险金的责任。	被保险人未履行前款规定的通知义务的，因保险标的物的危险程度显著增加而发生的保险事故，保险人不承担赔偿保险金的责任。
27	第五十三条 有下列情形之一的，除合同另有约定外，保险人应当降低保险费，并按日计算退还相应的保险费： （一）据以确定保险费率的有关情况发生变化，保险标的的危险程度明显减少的； （二）保险标的的保险价值明显减少的。	第五十三条 有下列情形之一的，除合同另有约定外，保险人应当降低保险费，并按日计算退还相应的保险费： （一）据以确定保险费率的有关情况发生变化，保险标的物的危险程度明显减少的； （二）保险标的物的保险价值明显减少的。
28	第五十五条 投保人和保险人约定保险标的的保险价值并在合同中载明的，保险标的发生损失时，以约定的保险价值为赔偿计算标准。 投保人和保险人未约定保险标的的保险价值的，保险标的发生损失时，以保险事故发生时保险标的的实际价值为赔偿计算标准。 保险金额不得超过保险价值。超过保险价值的，超过部分无效，保险人应当退还相应的保险费。 保险金额低于保险价值的，除合同另有约定外，保险人按照保险金额与保险价值的比例承担赔偿保险金的责任。	第五十五条 投保人和保险人约定保险标的物的保险价值并在合同中载明的，保险标的物发生损失时，以约定的保险价值为赔偿计算标准。 投保人和保险人未约定保险标的物的保险价值的，保险标的物发生损失时，以保险事故发生时保险标的物的实际价值为赔偿计算标准。 保险金额不得超过保险价值。超过保险价值的，超过部分无效，保险人应当退还相应的保险费。 保险金额低于保险价值的，除合同另有约定外，保险人按照保险金额与保险价值的比例承担赔偿保险金的责任。
29	第五十六条 重复保险的投保人应当将重复保险的有关情况通知各保险人。 重复保险的各保险人赔偿保险金的总和不得超过保险价值。除合同另有约定外，各保险人按照其保险金额与保险金额总和的比例承担赔偿保险金的责任。 重复保险的投保人可以就保险金额总和超过保险价值的部分，请求各保险人按比例返还保险费。	第五十六条 重复保险的投保人应当将重复保险的有关情况通知各保险人。 重复保险的各保险人赔偿保险金的总和不得超过保险价值。除合同另有约定外，各保险人按照其保险金额与保险金额总和的比例承担赔偿保险金的责任。 重复保险的投保人可以就保险金额总和超过保险价值的部分，请求各保险人按比例返还保险费。

附录 《保险法》及《〈保险法〉司法解释》修改建议对照表

序号	《保险法》规定	修改建议
29	重复保险是指投保人对同一保险标的、同一保险利益、同一保险事故分别与两个以上保险人订立保险合同，且保险金额总和超过保险价值的保险。	重复保险是指保人对同一保险标的物、同一保险利益、同一保险事故分别与两个以上保险人订立保险合同，且保险金额总和超过保险价值的保险。
30	第五十七条 保险事故发生时，被保险人应当尽力采取必要的措施，防止或者减少损失。 保险事故发生后，被保险人为防止或者减少保险标的的损失所支付的必要的、合理的费用，由保险人承担；保险人所承担的费用数额在保险标的损失赔偿金额以外另行计算，最高不超过保险金额的数额。	第五十七条 保险事故发生时，被保险人应当尽力采取必要的措施，防止或者减少损失。 保险事故发生后，被保险人为防止或者减少保险标的物或保险标的人的损失所支付的必要的、合理的费用，由保险人承担；保险人所承担的费用数额在保险标的物或保险标的人损失赔偿金额以外另行计算，最高不超过保险金额的数额。
31	第五十八条 保险标的发生部分损失的，自保险人赔偿之日起三十日内，投保人可以解除合同；除合同另有约定外，保险人也可以解除合同，但应当提前十五日通知投保人。 合同解除的，保险人应当将保险标的未受损失部分的保险费，按照合同约定扣除自保险责任开始之日起至合同解除之日止应收的部分后，退还投保人。	第五十八条 保险标的物发生部分损失的，自保险人赔偿之日起三十日内，投保人可以解除合同；除合同另有约定外，保险人也可以解除合同，但应当提前十五日通知投保人。 合同解除的，保险人应当将保险标的物未受损失部分的保险费，按照合同约定扣除自保险责任开始之日起至合同解除之日止应收的部分后，退还投保人。
32	第五十九条 保险事故发生后，保险人已支付了全部保险金额，并且保险金额等于保险价值的，受损保险标的的全部权利归于保险人；保险金额低于保险价值的，保险人按照保险金额与保险价值的比例取得受损保险标的的部分权利。	第五十九条 保险事故发生后，保险人已支付了全部保险金额，并且保险金额等于保险价值的，受损保险标的物的全部权利归于保险人；保险金额低于保险价值的，保险人按照保险金额与保险价值的比例取得受损保险标的物的部分权利。

序号	《保险法》规定	修改建议
33	第六十条　因第三者对保险标的的损害而造成保险事故的，保险人自向被保险人赔偿保险金之日起，在赔偿金额范围内代位行使被保险人对第三者请求赔偿的权利。 前款规定的保险事故发生后，被保险人已经从第三者取得损害赔偿的，保险人赔偿保险金时，可以相应扣减被保险人从第三者已取得的赔偿金额。 保险人依照本条第一款规定行使代位请求赔偿的权利，不影响被保险人就未取得赔偿的部分向第三者请求赔偿的权利。	第六十条　因第三者对保险标的物或保险标的人的损害而造成保险事故的，保险人自向被保险人赔偿保险金之日起，在赔偿金额范围内代位行使被保险人对第三者请求赔偿的权利。 前款规定的保险事故发生后，被保险人已经从第三者取得损害赔偿的，保险人赔偿保险金时，可以相应扣减被保险人从第三者已取得的赔偿金额。 保险人依照本条第一款规定行使代位请求赔偿的权利，不影响被保险人就未取得赔偿的部分向第三者请求赔偿的权利。
34	第六十四条　保险人、被保险人为查明和确定保险事故的性质、原因和保险标的的损失程度所支付的必要的、合理的费用，由保险人承担。	第六十四条　保险人、被保险人为查明和确定保险事故的性质、原因和保险标的物或保险标的人的损失程度所支付的必要的、合理的费用，由保险人承担。
35	第六十五条　保险人对责任保险的被保险人给第三者造成的损害，可以依照法律的规定或者合同的约定，直接向该第三者赔偿保险金。 责任保险的被保险人给第三者造成损害，被保险人对第三者应负的赔偿责任确定的，根据被保险人的请求，保险人应当直接向该第三者赔偿保险金。被保险人怠于请求的，第三者有权就其应获赔偿部分直接向保险人请求赔偿保险金。 责任保险的被保险人给第三者造成损害，被保险人未向该第三者赔偿的，保险人不得向被保险人赔偿保险金。 责任保险是指以被保险人对第三者依法应负的赔偿责任为保险标的的保险。	第六十五条　责任保险是指以责任人对第三者造成的损害风险为保险标的的保险。任意责任保险的责任人既是保险标的人，也是被保险人；强制责任保险的责任人是保险标的人，第三者为被保险人。 保险人对任意责任保险的被保险人给第三者造成的损害，可以依照法律的规定或者合同的约定，直接向该第三者赔偿保险金。 任意责任保险的被保险人给第三者造成损害，被保险人对第三者应负的赔偿责任确定的，根据被保险人的请求，保险人应当直接向该第三者赔偿保险金。被保险人怠于请求的，第三者有权就其应获赔偿部分直接向保险人请求赔偿保险金。 任意责任保险的被保险人给第三者造成损害，被保险人未向该第三者赔偿的，保险人不得向被保险人赔偿保险金。 强制责任保险的保险人应当直接向被保险人赔偿保险金。

续表

序号	《保险法》规定	修改建议
36	第六十六条 责任保险的被保险人因给第三者造成损害的保险事故而被提起仲裁或者诉讼的，被保险人支付的仲裁或者诉讼费用以及其他必要的、合理的费用，除合同另有约定外，由保险人承担	第六十六条 责任保险的保险标的人因给第三者造成损害的保险事故而被提起仲裁或者诉讼的，保险标的人支付的仲裁或者诉讼费用以及其他必要的、合理的费用，除合同另有约定外，由保险人承担。

序号	《〈保险法〉司法解释》规定	修改建议
1	《〈保险法〉司法解释（二）》第一条 财产保险中，不同投保人就同一保险标的分别投保，保险事故发生后，被保险人在其保险利益范围内依据保险合同主张保险赔偿的，人民法院应予支持。	第一条 财产保险中，不同投保人就同一保险标的物分别投保，保险事故发生后，被保险人在其保险利益范围内依据保险合同主张保险赔偿的，人民法院应予支持。
2	《〈保险法〉司法解释（四）》第一条 保险标的已交付受让人，但尚未依法办理所有权变更登记，承担保险标的毁损灭失风险的受让人，依照保险法第四十八条、第四十九条的规定主张行使被保险人权利的，人民法院应予支持。	第一条 保险标的物已交付受让人，但尚未依法办理所有权变更登记，承担保险标的物毁损灭失风险的受让人，依照保险法第四十八条、第四十九条的规定主张行使被保险人权利的，人民法院应予支持。

参考文献

一、图书类

［1］郑玉波. 民法债编总论［M］. 陈荣隆，修订. 北京：中国政法大学出版社，2004.

［2］韩长印，韩永强. 保险法新论［M］. 北京：中国政法大学出版社，2010.

［3］江朝国. 保险法论文集：第一卷［M］. 台北：瑞兴图书股份有限公司，1997.

［4］肯尼思·布莱克，哈罗德·斯基博. 人寿与健康保险：第十三版［M］. 孙祁祥，郑伟，等，译. 北京：经济科学出版社，2003.

［5］江朝国. 保险法基础理论［M］. 北京：中国政法大学出版社，2002.

［6］约翰·T. 斯蒂尔. 保险的原则与实务［M］. 孟兴国，等，译. 北京：中国金融出版社，1992 .

［7］杨良宜. 海上货物保险法［M］. 北京：法律出版社，2010.

［8］所罗门·许布纳. 财产和责任保险［M］. 陈欣，等，译. 北京：中国人民大学出版社，2002 .

［9］鸿常夫. 保险法的诸问题［M］. 东京：有斐阁，2002.

［10］肯尼斯·S. 亚伯拉罕. 美国保险法原理与实务［M］. 韩长印，韩永强，楚清，等，译. 北京：中国政法大学出版社，2012.

［11］袁宗蔚. 保险学［M］. 北京：首都经济贸易大学出版社，2000.

［12］小阿瑟·威廉斯，等. 风险管理与保险［M］. 马从辉，等，译. 北京：经济科学出版社，2000.

［13］李永军. 合同法：第三版［M］. 北京：法律出版社，2010.

［14］王利明. 合同法研究：第一卷［M］. 北京：中国人民大学出版社，2002.

［15］叶启洲. 保险法专题研究：一［M］. 台北：元照出版公司，2007.

［16］迈克尔·D. 贝勒斯. 法律的原则［M］. 北京：中国大百科全书出版社，1996.

［17］王利明. 合同法新问题研究［M］. 北京：中国社会科学出版社，2011.

［18］史尚宽. 债法各论［M］. 北京：中国政法大学出版社，2000.

［19］王泽鉴. 民法概要［M］. 北京：北京大学出版社，2011.

［20］李玉泉. 保险法［M］. 北京：法律出版社，2003.

［21］黎剑飞，王卫国. 保险法教程［M］. 北京：北京大学出版社，2009.

［22］张文显. 法理学［M］. 北京：高等教育出版社，2007.

［23］史尚宽. 民法总论［M］. 北京：中国政法大学出版社，2000.

［24］魏华林，林宝清. 保险学［M］. 北京：高等教育出版社，

2006.

　　[25] 张洪涛，郑功成. 保险学 [M]. 北京：中国人民大学出版社，2004.

　　[26] 马鸣家. 保险法基础知识 [M]. 北京：中国商业出版社，1996.

　　[27] 王利明. 侵权责任法研究：上卷 [M]. 北京：中国人民大学出版社，2010.

　　[28] 王泽鉴. 债法原理 [M]. 北京：北京大学出版社，2009.

　　[29] 郑玉波. 保险法论 [M]. 台北：三民书局，1998.

　　[30] 林群弼. 保险法论 [M]. 台北：三民书局，1998.

　　[31] 江朝国. 保险法论文集：第二卷 [M]. 台北：瑞兴图书股份有限公司，2002.

　　[32] 邹海林. 责任保险论 [M]. 北京：法律出版社，1997.

　　[33] 袁宗蔚. 保险学 [M]. 台北：合作经济月刊社，1981.

　　[34] 樊启荣. 保险法诸问题与新展望 [M]. 北京：北京大学出版社，2015.

　　[35] 刘宗荣. 新保险法：保险契约法的理论与实务 [M]. 北京：中国人民大学出版社，2009.

　　[36] MALCOLM，A. CLARKE. 保险合同法 [M]. 何美欢，吴志攀，等，译. 北京：北京大学出版社，2002.

　　[37] 杨东霞. 中国近代保险立法移植研究 [M]. 北京：法律出版社，2009.

　　[38] 王利明. 侵权行为法归责原则研究 [M]. 北京：中国政法大学出版社，1992.

　　[39] 叶启洲. 保险法实例研习 [M]. 台北：元照出版公司，2013.

［40］郑玉波. 保险法论：修订第九版［M］. 刘宗荣，修订. 台北：三民书局，2013.

［41］汪华亮. 保险合同信息提供义务研究［M］. 北京：中国政法大学出版社，2011.

［42］王泽鉴. 民法总则［M］. 北京：中国政法大学出版社，2001.

［43］HARRIET E. JONES，J. D.，FLMI，ACS DANI L. LONG，FLMI，ACS，CLU. 保险原理：人寿、健康和年金：第二版［M］. 赵凯，FLMI，ACS，译. 北京：中国财政经济出版社，2004.

［44］汪鹏南. 海上保险合同法详论［M］. 大连：大连海事大学出版社，2011.

［45］韩世远. 合同法总论［M］. 北京：法律出版社，2011.

［46］约翰·F. 道宾. 美国保险法［M］. 梁鹏，译. 北京：法律出版社，2008.

［47］梁宇贤. 保险法新论［M］. 北京：中国人民大学出版社，2004.

［48］徐卫东，高宇. 保险法学［M］. 北京：科学出版社，2009.

［49］科宾. 科宾论合同：下册［M］. 王卫国，等，译. 北京：中国大百科全书出版社，1998.

［50］约翰·伯茨. 现代保险法［M］. 陈丽洁，译. 北京：河南人民出版社，1987.

［51］杨立新. 侵权法论：第三版［M］. 北京：人民法院出版社，2005.

［52］张广兴. 债法总论［M］. 北京：法律出版社，1997.

［53］张承慧，郑醒尘. 中国农村金融发展报告［M］. 北京：中国发展出版社，2016.

［54］齐瑞宗. 保险理论与实践［M］. 北京：知识产权出版社，2015.

［55］颜卫忠. 保险学［M］. 西安：西安交通大学出版社，2013.

［56］中国保险监督管理委员会保险消费者权益保护局. 掀起保险盖头来：保险知识篇［M］. 北京：中国财政经济出版社，2014.

［57］李育良，池娟. 国际货物运输与保险［M］. 北京：清华大学出版社，北京交通大学出版社，2005.

［58］杨忠海. 保险学原理［M］. 北京：清华大学出版社，2011.

［59］赵君彦. 农业保险模式创新与选择：以河北省为例［M］. 北京：中国农业出版社，2013.

［60］樊启荣. 保险契约告知义务制度论［M］. 北京：中国政法大学出版社，2004.

［61］孙宏涛. 德国保险合同法［M］. 北京：中国法制出版社，2012.

［62］施文森. 保险法总论：第九版［M］. 台北：三民书局，1990.

［63］汪信君，廖世昌. 保险法理念与实务［M］. 台北：元照出版公司，2006.

［64］田边康平. 保险契约法［M］. 廖淑惠，译. 台北：财团法人保险事业发展中心，1993.

［65］乔纳斯，朗. 保险原理：人寿、健康和年金：第二版［M］. 赵凯，译. 北京：中国财政经济出版社，2004.

［66］王利明. 合同法研究［M］. 北京：中国人民大学出版社，2002.

［67］刘清波. 民法概论：上册［M］. 台北：五南图书出版公司，1984.

［68］邹海林. 保险法［M］. 北京：人民法院出版社，1998.

［69］袁宗蔚. 保险学：危险与保险［M］. 北京：首都经济贸易大学出版，2000.

［70］徐卫东，高宇. 保险法学：第二版［M］. 北京：科学出版社，2009.

［71］何绍慰. 中国保证保险制度研究［M］. 北京：社会科学文献出版社，2010.

［72］王勇，隋鹏达，关晶奇. 金融风险管理［M］. 北京：机械工业出版社，2014.

［73］小罗伯特·H. 杰瑞，道格拉斯·R. 里士满. 美国保险法精解［M］. 李之彦，译. 北京：北京大学出版社，2009.

［74］史卫进，付昕. 补偿型医疗保险代位求偿诸理论问题研究［J］. 保险法前沿，2015（3）：173.

二、报刊类

［75］刘建勋. 论合同法一般性规则［M］. 中国保险行业协会. 保险法理论与实践［M］. 北京：法律出版社，2016：35.

［76］张见生. 对保险合同客体多元性的分析［J］. 科技与产业，2009，9（3）.

［77］张玉洁. 民事法律关系客体新探［J］. 天水行政学院学报，2011（3）.

［78］陈任. 第三人利益合同的变更和解除［J］. 法律科学：西北政法学院学报，2007.

［79］王黎黎. 中美两国利他合同相关立法的比较研究［J］. 西华大学学报：哲学社会科学版，2010–08.

［80］吴旭莉. 合同第三人存在情形的实证分析［J］. 厦门大学学

报：哲学社会科学版，2012（5）：78.

［81］高宇. 论被保险人及其同意权［J］. 吉林师范大学学报：人文社会科学版，2004（6）.

［82］游源芬. 保险立法要有正确的逻辑思维［J］. 中国保险管理干部学院学报，2001（1）：37.

［83］王利明. 统一合同法制定过程中的若干疑难问题探讨［J］. 政法论坛，1996（4）.

［84］薛军. 利他合同的基本理论问题［J］. 法学研究，2006（4）.

［85］叶金强. 第三人利益合同研究［J］. 比较法研究，2001（4）.

［86］何平. 合同法应当确立为第三人利益合同制度［J］. 湖北社会科学，2011（12）.

［87］薛军. 不真正利他合同研究［J］. 政治与法律，2008（5）.

［88］张翼. 关于投保人故意杀害被保险人之法律条款的思考［J］. 铜陵学院学报，2013（3）. 程金洪. 一个尚未解决的问题——不真正连带责任的存与废［J］. 广西政法管理干部学院学报，2011 - 03.

［89］杨立新. 论不真正连带责任类型体系及规则［J］. 当代法学，2012（3）.

［90］代正伟，胡庆. 从现行法规的视角比较不真正连带责任与补充责任［J］. 中国成都市委党校学报，2006 - 04.

［91］许胜. 试论不真正连带之债［J］. 安徽警官职业学院学报，2006（2）.

［92］王竹. 论法定型不真正连带责任及其在严格责任领域的扩展适用［J］. 人大法律评论，2009.

［93］刘凯湘，汪华亮. 保险代位求偿权规范价值、适用范围与效

力研究［J］．复旦民商法学评论，2007（7）．

［94］吴祥佑．可保性边界拓展与保险业发展［J］．西南科技大学学报，2012（3）．

［95］胡炳志，徐荣坤．可保风险与不可保风险的经济学分析［J］．中国保险管理干部学院学报，2002（6）．

［96］王英姿．企业汇率风险的可保性分析［J］．时代金融，2009．

［97］朱俊生，庹国柱．农业保险与农产品价格改革［J］．中国金融，2016（20）．

［98］曾祥生．合同解除效力的比较研究［J］．武汉大学学报：哲学社会科学版，2009．

［99］叶金强．第三人利益合同研究［J］．比较法研究，2001（4）．

［100］宋占军．自助保险卡法律效力分析［N］．中国保险报，2009 - 12 - 15．

［101］谢瑾．自助保险卡销售与激活行为的法律性质［J］．保险研究，2012（9）．

［102］偶见．买卖自助保险卡应属签订预约保险合同［N］．中国保险报，2009 - 12 - 21．

［103］韩强．论预约的效力与形态［J］．华东政法学院学报，2003（1）．

［104］徐卫东，陈泽桐．保证保险合同若干法律问题研究［J］．当代法学，2006（5）．

［105］梁慧星．保证保险合同纠纷案件的法律适用［N］．人民法院报，2006 - 03 - 01．

［106］宋刚．保证保险是保险，不是担保：与梁慧星先生商榷

［J］．法学，2006（6）．

　　［107］赵斌．关于保险合同订立中若干难点问题的思考［J］．保险职业学院学报，2008（5）．

　　［108］宋宗宇，栗旭峰．电子合同订立法律问题研究［J］．重庆大学学报：社会科学版，2005，11（4）．

后　记

在保险公司做法律实务，回答各种问题是必不可少的。面对来自业务条线的各种问题，第一步要将业务问题翻译成法律问题；第二步是对法律问题进行分析，弄清其本质，找到解决方案；第三步要将法律思路转换成业务语言，协助业务条线改进工作方法。在长期回答保险法律问题的过程中，笔者对保险合同中的一些基本问题形成了自己的观点。就这些观点我也曾试图求教保险法专家，但几乎没有得到回应，没有得到回应的主要原因可能是从某个观点的独立性来看，没有意义或根本不成立，只有将这些观点串在一起，才可能"有点意思"。由于近期工作调整，正好有些时间，遂产生了将自己的所有观点汇总成册以供集中批驳的想法。

本书是一个长期从事保险法实务工作者的阶段性总结。本书所探讨的 15 个基本问题，从表面来看似乎没有关联，实质上是前后呼应、内成体系的。对这些基本问题，笔者几乎都给出了完全不同于"通说"的答案。不敢奢望所有观点，都能得到读者的认可，如果某个观点可得到部分读者的共鸣，或某个观点能得到大家的批驳，我就心满意足了。

感谢胡晓红、秦前红两位恩师，是您们带我进入法律的世界。感谢李富申先生给本书作序，您的人品、专业能力与职业精神在我眼里近乎完美。

感谢我的朋友佟轶，本书诸多观点的完善，都得益于与您的讨论。感谢"开心一夏""七星高照""金兰之友""三人行""小寒大聚"等诸多好友，是你们让我的生活变得如此丰富多彩。

感谢中国金融出版社，在众多优秀选题中，将本书付梓出版。如后续还有需进一步阐述的观点，诚挚地希望与中国金融出版社再次合作。

感谢我的老母亲、岳父、岳母，帮我带完老大又带老二；感谢妻子谢燕婷，让我看到永远不变的童心；感谢老大老二，是你们给予我无穷的动力；感谢所有亲人，有你们真好。

刘清元

2019 年春于北京